Herderbücherei

Band 1783

Über das Buch

Auch heute noch wird der Patriarchalismus, die Anschauung von der grundsätzlichen Überlegenheit und damit Vorherrschaft der Männer über Frauen, mit der Bibel begründet. Diesen Irrtum, dieses Zweckargument gilt es sowohl in der Gesellschaft wie in der Kirche aufzudecken. Worum es wirklich geht: Befreiung, Überwindung jedweder Art von Vorherr-schaft, partnerschaftliches, angstfreies, geschwisterliches Miteinander – eine Lebens- und Umgangskultur, für die Christentum und Kirche exemplarisch sein müßten.

Über den Autor

Ernst Gutting, geb. 1919, Weihbischof der Diözese Speyer und Referent für die Frauenseelsorge bei der Deutschen Bischofskonferenz.

Ernst Gutting

Offensive gegen den Patriarchalismus

Für eine menschlichere Welt

Herderbücherei

Neuausgabe 1993

Herder Freiburg · Basel · Wien
Umschlagmotiv: Die Versuchung, Fresko von Masolino, 1427
Florenz, S. Maria del Carmine (Ausschnitt)
Herstellung: Freiburger Graphische Betriebe 1993
ISBN 3-451-08783-9

Als Zeichen des Dankes an meine

Mutter

Zum Gedächtnis an

Edith Stein

die Karmelitin Teresia Benedicta a Cruce
im Jahr ihrer Seligsprechung 1987

Inhalt

Vorwort

„Ich glaube, man schreibt, um eine Welt zu schaffen, in der es sich leben läßt." Dieses Wort von Anaïs Nin bestärkte mich, ein Buch zu schreiben, das ich nicht schreiben wollte. Die Bitten, es zu tun, wurden jedoch immer drängender.

Seit dreißig Jahren setze ich mich in meinen Aufgaben als Mädchen-, Jungarbeiterinnen- und Frauenseelsorger mit den immer aktueller werdenden Fragen der Frauenemanzipation auseinander. In dieser Zeit wurden die Anklagen und Anfragen an die Kirche immer lauter. Die Kirche versuchte darauf zu antworten. 1960 hat Papst Johannes XXIII. in seiner Enzyklika „Pacem in terris" den „Aufstieg der Frau" zu den Zeichen unserer Zeit gezählt. Papst Paul VI. erwartete sich aus dieser Entwicklung eine „engere und größere Zusammenarbeit zwischen den Frauen und Männern in Gesellschaft und Kirche" und einen „qualitativen Fortschritt hinsichtlich Entwicklung und Frieden". Diese Aussagen bestärkten mich in meiner Arbeit.

Die jahrelange theoretische und praktische Beschäftigung mit der Frauenfrage, die dabei gewonnenen Erkenntnisse und die gemachten Erfahrungen liegen den hier vorgelegten Überlegungen zugrunde. Die Erinnerung an meine Mutter war schließlich ein weiteres wichtiges Motiv, die Bitten zu erfüllen, dieses Buch zu schreiben. Sie hat es oft bedauert, daß die Frauen von der Gestaltung des öffentlichen Lebens weithin ausgeschlossen sind, obwohl Männer sich oft mehr für ihre persönlichen Interessen als für die Belange des Gemeinwohls einsetzten. Sie hätte vielleicht hoffnungsvoller in die Zukunft geschaut, wenn sie zufällig der nur vier Jahre jüngeren Edith Stein begegnet wäre und von ihren Gedanken über die Verantwortung und die Aufgaben der Frau in allen Bereichen des Lebens gewußt hätte. Dieses Buch habe ich im Jahr der Seligsprechung von Edith Stein geschrieben. In Speyer arbeitete Edith Stein acht Jahre in der Mädchen- und Frauenbildung. Dieses Buch ist von ihrem Geist inspiriert worden.

„Offensive gegen den Patriarchalismus", das ist ein Wort, das vielleicht manche reizen wird. Und doch will diese Offensive nichts anderes, als den Einsatz für den rechten Aufstieg der Frau fortzusetzen, für den sich Edith Stein gegen überholte und falsche Anschauungen engagierte. Es geht darum, das Böse durch das Gute zu überwinden. Dieses Prinzip ist in Jesus am anschaulichsten geworden. Es kann nicht um eine Revolte gehen, sondern um Wandel. Die weiblichen Eigenschaften können als Kraft wirken, die die Welt verändert.

Jeder Wandel verlangt genau wie jede Umkehr ein Umdenken. Notwendig ist der Prozeß des Bewußtseinswandels. Zu den immer noch kontroversen Auseinandersetzungen um dieses Thema will das Buch einen Diskussionsbeitrag leisten. Zu vielen der hier erwähnten Einzelfragen gibt es eine immer umfangreichere Literatur. Dieses Buch findet seinen Sinn jedoch in der durchgehenden Perspektive, theologisch und psychologisch nach den Ursachen zu fragen, aus denen ein eingefleischter „Bewußtseinspatriarchat" entsprang, der immer noch ein so zähes Leben hat. Der Leser kann dadurch vielleicht die Antworten nachvollziehen, die ich mir selbst in vielen Jahren zu erarbeiten versuchte und heute als meinen Standpunkt gewonnen habe. Aus christlichem Glauben und Bewußtsein erwächst die

Verpflichtung, „eine Welt zu schaffen, in der es sich leben läßt", in der die Hoffnung wächst auf jene endgültige Welt, die Christus uns verheißen hat.

Für die Mitarbeit bei der Vorbereitung und Niederschrift dieses Buches muß noch ein Wort des Dankes gesagt werden an Frau Dr. Karin Walter, die für den Verlag Herder die Reihe „Frauenforum" herausgibt, und an meine Mitarbeiter/innen in Speyer, Herrn Josef Weindel, Frau Ursula Lenhart und Frau Irma Weindel.

Im Karmel
„Maria Mutter der Kirche"
Speyer, im Februar 1987 — Ernst Gutting

Einleitung

Der Begriff „Emanzipation" hat im Laufe der Geschichte unterschiedliche Bedeutungen erfahren. Heute wird bei uns damit meist die Emanzipation der Frau gemeint. Wenn ich mich aber frage, wo in der Geschichte der richtige Gehalt dieses Begriffes schon vorscheint und gemeint war, dann stoße ich auf das Evangelium. Emanzipation der Frau, das bedeutet, christlich gesehen, die Befreiung der Frauen zu ihrer vollen personalen Würde als Menschen. Gerade diese Befreiung zur Fülle des Menschseins jedoch, nicht nur für die Frauen, sondern auch für die Männer, zählt zu den Früchten der Erlösung. Mit diesem Verständnis von Emanzipation, das seine Grundlage aus der Mitte des christlichen Glaubens gewinnt, ist auch die Grenze zu allen anderen Emanzipationsbewegungen gezogen, die als Befreiung der Frauen sehr unterschiedliche Ziele verfolgt haben bzw. noch heute zu erreichen suchen.

Johannes XXIII. hat statt des Begriffs Emanzipation den Begriff der „Promotion" der Frau gebraucht. Promovere heißt übersetzt: vorwärtsbewegen, fördern, aber auch: offenbaren und ans Licht bringen. Es geht um einen Prozeß, der das oft verborgene Licht, die Begabungen, menschlichen Fähigkeiten und die Charismen von Frauen anerkennen, ernst nehmen und durch die entsprechenden Aufgaben zur Entfaltung bringen will. Emanzipation, in diesem Sinne verstanden, kann z.B. nicht einfach Umkehrung der Herrschaftsverhältnisse bedeuten. Es ist kein einmaliger

Akt der Freisetzung oder Befreiung, sondern ein Prozeß, der beide Geschlechter betrifft. Was sich am Problem der notwendigen Befreiung der Frauen zeigt, gilt in anderer Perspektive auch für die Männer. Im Lauf unserer Überlegungen werden wir noch oft auf eine eigentümliche Wechselbeziehung stoßen: Die Diskriminierung des weiblichen Menschseins hat negative Folgen auch für die Männer, denn bei einer ideologisch begründeten Abwertung des Weiblichen wollen oder können sie in ihrer eigenen Person die als weiblich geltenden Eigenschaften des Menschseins ebenfalls nicht mehr leben. In der Konsequenz bedeutet die Emanzipation der Frau einen dynamischen Schritt zur allgemeinen Emanzipation der Menschen aus einseitigen Festlegungen oder erstarrten Rollenbildern. Wie es die Wechselbeziehungen im Negativen gibt, so gibt es sie auch im Positiven. Notwendig ist ein positiver Prozeß der Wende und Umkehr zum ganzen Menschsein. „Denket um!" Mit diesem Appell forderte Jesus uns auf, auch die falschen Gottesbilder und die dadurch bedingten falschen Bilder und Vorstellungen vom Menschen als Mann und Frau abzuwerfen. „Entrümpelt den Keller des Unbewußten", heißt dieser Appell, „in den man die wahren Gründe der Diskriminierung der Frau verdrängt hat!" Die Gründe kommen aus einem durch die Sünde des Hochmuts verderbten Bewußtsein. Wir werden sehen: Die Ursachen liegen tief. Ein grundlegender Wandel in der Beziehung zwischen den Geschlechtern und ein neues Selbstverständnis des Menschen können nicht allein durch neue Gesetze oder Normen geschaffen werden. Die volle rechtliche Gleichberechtigung der Frau hat ihre Diskriminierung zwar theoretisch beseitigt, konnte das dahinterliegende Übel jedoch nicht an der Wurzel heilen. Gesetze können nur die Symptome kurieren. Einen echten „Klimawandel" können sie nicht herstellen.

Die Symptome verweisen immer auf Ursachen. Diesen soll hier nachgegangen werden. Denn erst wenn man die Ursachen kennt, lassen sich die richtigen Mittel finden, um ihnen zu begegnen. Der Patriarchalismus soll in seinen Erscheinungen beschrieben, seinen Ursachen analysiert werden. Notwendig wird auch eine begriffliche Klärung sein. Indem wir seine Ursachen mit Hilfe von Aussagen der Offenbarung aufzudecken vermögen, finden wir die Kriterien, um die Theorien über die Ursachen der Diskriminierung von Frauen beurteilen und einen positiven Wandel in die richtige Richtung initiieren zu können. An einem brisanten Beispiel möchte ich dies einmal anschaulich machen. Hinter der von Christus in Erinnerung gebrachten Forderung nach Unauflöslichkeit der Ehe („von Anfang an war es nicht so", Mt 19,8) steht als Frucht der Erlösung seine im Sakrament der Ehe vermittelte Kraft der Liebe, durch die eine auf Unauflöslichkeit angelegte Bindung der Liebe wieder gelingen kann. Die Erzählung vom Sündenfall beschreibt zunächst, wie gerade die Bindung der Liebe zwischen Gott und Mensch zerbrach und seitdem auch alle anderen Bindungen der Liebe, insbesondere die Ehe, der Gefahr des Zerbrechens ausgesetzt sind. Der Mensch ist von Gott grundsätzlich ehefähig geschaffen. Das betont Jesus Christus ausdrücklich (vgl. Mt 19,4ff.). Doch in der konkreten Situation des Ehealltags zeigt sich, wie unfähig Menschen oft zur Verwirklichung eines unauflöslichen Ehebundes geworden sind. Natürlich sind diese Menschen nicht einfach durch Gesetze wieder ehefähig zu machen. Deshalb hat Mose „wegen der Herzenshärte" den Scheidebrief erlaubt. Das Gesetz des Alten Testamentes sollte und konnte auch nicht die Ordnung wiederherstellen, sondern dem Menschen seine schuldhaften Übertretungen zum Bewußtsein bringen. „Durch das Gesetz kommt die Erkenntnis der Sünde", aber durch Christi Gnade ist unabhängig vom Gesetz die Gerechtigkeit offenbar geworden, „jene Gerechtigkeit vor Gott, die durch den Glauben an Jesus Christus kommt" (Röm 3,20ff.). Darum hat Jesus Christus die Unauflöslichkeit der Ehe wieder eingefordert: in der Einswerdung mit der Liebe Gottes wird die Eheunfähigkeit geheilt, wozu besonders das Sakrament der Ehe hilft. Eine juristische Sicht der Ehe, die Trennung einfach nur verbietet oder verhindert, heilt die Ursachen nicht, an denen Ehen scheitern.

In einem ähnlichen Sinn müssen wir auch die Frage nach den Ursachen der Diskriminierung der Frau noch deutlicher stellen. Würden sie weder durch eine letztlich theologisch fundierte Diagnose gefunden und noch weniger wirklich geheilt, dann brächten alle rein formalen Änderungen, mit denen man nur Symptome beseitigt, keine grundsätzliche Lösung bzw. Befreiung von Männern und Frauen zu ihrem vollen Menschsein: für eine menschlichere Welt.

1. Kapitel

„Es war ein Mädchen"

Im Januar 1987 besuchte ich bestimmte Stationen kirchlichen Lebens in Indien. In der Ausgabe der „Times of India" vom 19. Januar hatte man von einem Wettbewerb drei Fotos mit dazu passenden Texten gegen die Diskriminierung der Frau und gegen die Abtreibung veröffentlicht. Über einem Bild, das einen Embryo im Mutterschoß zeigte, stand der Satz: „Sie sind ihr ungeborenes Kind losgeworden wegen einer Abnormalität." Darunter die Begründung: „Es war ein Mädchen." Das klingt brutal und sollte es im Sinne einer Aufklärung schockierender Ungerechtigkeit auch sein.

Hier in Deutschland ist mir schon lange der Satz bekannt: „Wird ein Junge geboren, kommt er auf die Welt. Wird ein Mädchen geboren, kommt es in die Dritte Welt." Man kann das schnell als ungutes und geschmackloses Bonmot abtun, das dem manchmal sogar erschütternden und unvorstellbaren Leid von Frauen in unterentwickelten Ländern nicht gerecht wird[1]. Man sollte Unvergleichliches nicht vergleichen. Aber: ein Stachel bleibt, auch und gerade angesichts solch empörender Ungerechtigkeit, wie Frauen in noch archaisch geprägten Gesellschaften sie erleiden müssen: Und dies nur deswegen, weil sie Frauen sind. Man darf das Faktum nicht aus den Augen verlieren, daß auch hierzulande Menschen jahrhundertelang Ungerechtigkeiten erlitten haben, nur weil sie einem bestimmten Geschlecht angehörten. Und es gibt diese Ungerechtigkeiten noch. Sicher, im Vergleich mit der sogenannten Dritten Welt zeigt sich, wie groß der Fortschritt im Verlauf von geschichtlichen Entwicklungen zum Positiven hin werden kann. Aber eine Solidarität in der Erfahrung von Ungerechtigkeit und Diskriminierung gibt es über geschichtliche und gesellschaftliche Klüfte hinweg. Wir haben die Aufgabe zu versuchen, diesem Problem auch unter den Bedingungen unserer Gesellschaft auf den Grund zu gehen.

Die Diskriminierung der Frau

Es gehört nicht viel Phantasie dazu, um zu entdecken, daß Menschen, die von ihren selbstsüchtigen Bedürfnissen beherrscht werden, gegenüber allen Dingen und Menschen eine Haltung der Ausbeutung leben, in der sie den Eigenwert ihrer Mitmenschen und der Mitschöpfung mißachten. In der Regel ist dies der Ausgangspunkt für Diskriminierungen und eine Wurzel von Unterdrückung. Thomas von Aquin wird ein Satz zugeschrieben, der diese des Menschen unwürdige Haltung in ein treffendes und entlarvendes Bild bringt: „Der Löwe sieht nicht den Hirsch, sondern nur den Fraß." Die Bloßstellung unserer Abhängigkeit vom eigenen Ich und seinen Begierden ist natürlich nicht schmeichelhaft. Und Selbsterkenntnis schmeckt bitter. Deshalb wird sie auch meist verdrängt. Denn jener Rechtfertigungskomplex sitzt sehr tief, der uns dazu verführt, als Alibi die nötigen Begründungen zu suchen, mit denen wir unsere von Gott nicht gewollten Einstellungen und Verhältnisse verteidigen. Wir werden bei näherem Hinsehen feststellen, daß die Gründe, mit denen in der Vergangenheit bis in die Gegenwart hinein die gesellschaftlichen Rollen von Mann und Frau festgelegt, zugewiesen und verteidigt wurden, uns jene Ideologien erkennen lassen, die in letztlich selbstsüchtigen Interessen ihre beherrschende Wurzel haben.

Der Soziologe Gerhard Schmidtchen stellte in einer repräsentativen Untersuchung die Frage, ob Frauen die gleichen Chancen haben wie Männer. Das Ergebnis war erstaunlich: 1967 meinten 41 Prozent der Bevölkerung, Frauen hätten die gleichen Chancen. 1983 glaubten dies nur noch 14 Prozent. Dies, obwohl bis zu diesem Zeitpunkt sicher schon weitere Fortschritte in der Frage der Gleichstellung der Frau erzielt worden waren[2]. Nicht nur die Umstände hatten sich geändert, sondern mit ihnen auch das Bewußtsein. Gerade weil dieses Problem schon seit Jahrzehnten immer intensiver angegangen wird, sind in der Bevölkerung, besonders bei Frauen, die Sensibilität und die Bewußtseinsbildung für solche Fragen erfreulicherweise gewachsen. Immer mehr Frauen wurden aktiv und begannen auch ihre Meinung zu äußern. Bestehende Strukturen geraten in der Regel ja dann in die Krise, wenn es für Änderungen Chancen gibt. Solange keine Aussichten bestehen, beugen sich – in der Regel – alle unter die herrschende Meinung. In dem Augenblick aber, da Frauen entdeckten, daß eine reale Chance zur positiven Veränderung ihrer Situation bestand, haben sie sich in großer Zahl für dieses sie alle berührende Thema interessiert und engagiert. Diese Beobachtung deckt sich mit dem, was der französische Philosoph und kluge Analytiker gesellschaftlich-politischer Entwicklungen Alexis de Tocqueville (1805 – 1859) aufgrund historischer Erfahrung als allgemeinen Grundsatz behauptet: „Das Übel, das man als unvermeidlich in Geduld ertrug, erscheint unerträglich, sobald man auf den Gedanken kommt, daß man sich ihm vielleicht doch entziehen kann."[3] Die Meßlatte wird inzwischen also höher angelegt. So erklärt sich die überraschend pessimistische Reaktion auf die im Jahr 1983 durch die Demoskopen vorgelegte Frage: „Haben die Frauen die gleichen Chancen wie Männer?" Hatten 1967 schon 59 Prozent diese Frage verneint, so waren es 1983 sogar 86 Prozent Neinstimmen.

Zum gesellschaftlichen Hintergrund, auf dem wir unser Problem und die genannten Daten zu sehen und einzuordnen haben, sagt Gerhard Schmidtchen: „Je größer die Differenzierung zwischen den Geschlechterrollen, desto primitiver eine Gesellschaft. Nach den sehr deutlichen Unterschieden in der geschlechtsspezifischen Sozialisation zu urteilen, befinden wir uns in der Bundesrepublik in einem Zustand mittlerer Primitivität."[4] Den gleichen Tatbestand formuliert er in anderem Zusammenhang so: „Je primitiver die Gesellschaft, um so mehr wird die Rollendifferenzierung nach Geschlechtern verallgemeinert werden müssen."[5]

Sehen wir uns also einige gesellschaftliche Indikatoren und Tatbestände einmal näher an, wobei es selbstverständlich bei wenigen Schlaglichtern bleiben muß. Wenn wir an die bis vor kurzem auch in Europa noch sehr hohe Kindersterblichkeit denken, dazu an die früher sehr hohe Sterblichkeitsrate bei jungen Müttern, dann wird uns klar, welche existentiellen Gründe bereits zu Rollenfestlegungen führten. Ein anderes Faktum ist die in der modernen Industriegesellschaft so tief in das Schicksal der Familie eingreifende Trennung von Arbeitsplatz und Familie, die es in dieser Form früher nicht gab. Die Frauen waren immer in die meisten Bereiche des Arbeitslebens integriert. Auch heute noch werden in der Welt insgesamt (und das gilt gerade dort, wo es viele Kinder gibt) 70 Prozent aller Arbeitsstunden von Frauen geleistet. Doch gerade in diesem Bereich „Frauen in Familie und Arbeitswelt" begegnen wir heute noch Vorurteilen und Verurteilungen, die auf scheinbar allgemeingültigen Werten beruhen, die aber historisch doch sehr relativ sind und deren Verallgemeinerung auf mangelndem geschichtlichem Wissen beruht.

Ich möchte nur einige Hinweise zum Thema „Die Frau in der heutigen Arbeitswelt" geben, weil es hier nicht ausführlich behandelt werden kann. Ideologische Vorurteile können freilich mit sachlichen Argumenten widerlegt werden.

Die größte gesellschaftliche Umwälzung der Neuzeit, die viele mit dem Umbruch in Europa durch die Völkerwanderung vergleichen, war in der Tat die Trennung von Arbeitsplatz und Familie durch die industrielle Revolution. Wenn heute viele die Rückkehr der Frau an den Herd verlangen, kann man nichts dagegen sagen – wenn sich diese Forderung nicht nur unpartnerschaftlich auf *sie* bezieht. Früher, als sie – etwa als Bäuerin – auch am Herd war, da hätte die Frau einmal sagen sollen: „Lieber Mann, geh du auf den Acker, ich gehöre an den Herd und sonst nirgends hin!" Oder denken wir an die Geschäftsfrau. Die Welt hat auf die Arbeitskraft der Frau noch nie verzichten können. Daß wir – und wie häufig ist das passiert – Verhältnisse geschaffen haben, mit denen wir nicht mehr fertig werden, das können wir nicht durch Ideologien zu Lasten einer bestimmten Gruppe korrigieren. Wir müssen so gut wie möglich gegen falsch gewachsene bzw. gemachte Verhältnisse angehen. Solche Aufgaben lassen sich nicht durch Ideologieschlachten bewältigen.

An der Wertschätzung der Mutterschaft hat man sowohl im Hinblick auf ihre Bedeutung für die Existenz eines Volkes (und der Menschheit generell) als auch aufgrund der positiven Erfahrungen der Kind-Mutter-Beziehungen nie grundsätzlich gerüttelt. Abgesehen davon, daß sie mit Lobeshymnen bedacht wurde, hat man im Gegensatz zu den mit Prestige ausgestatteten Berufen, die entsprechend finanziell honoriert werden, die Mutteraufgabe freilich mit keiner eigenen, hier eigentlich erst recht notwendigen finanziellen Grundlage erleichtert oder gesichert. Ein erster Ansatz besteht jetzt gesetzlich mit der Einführung des Erziehungsgeldes. Daß damit in der Tat nur erste Anfänge gemacht sein können, zeigt vielleicht folgende Rechnung: Würde die Leistung einer Mutter im Haushalt nach gleichen Maßstäben bezahlt wie die Leistung des Mannes, dann würde eine solche Mutter DM 2760,– verdienen.

Es war keine glückliche Lösung, daß gerade nach der Trennung von Familie und Arbeitsplatz im Industriezeitalter dem Mann allein der sogenannte Familienlohn ausbezahlt wurde, über den er – wie selbstverständlich – als das von ihm verdiente Geld auch sehr selbstherrlich verfügte. In diesem System war der Lohn eben der Verdienst des Mannes. In partnerschaftlich gelebten Ehen, die es bei echter Liebe, die keine Gesetze mehr kennt und braucht, schon immer gab, hat der Mann seinen Verdienst allerdings tatsächlich als Lohn betrachtet, der der gesamten Familie zugute kommen soll. Vom Arbeitgeber wiederum kann in einem marktorientierten Gesellschaftssystem nicht verlangt werden, daß er anstelle der einzelnen Arbeitskraft und ihrer Leistung die gesamte Familie entlohnen muß. Darum sind Kindergeld oder jetzt auch das Erziehungsgeld eine Verpflichtung der Gesellschaft und für die Gesellschaft, die auch durch Gesetze des Staates gewährleistet und geregelt werden muß.

Nicht umsonst wird heute bereits die Forderung nach einem sogenannten Grundeinkommen für alle Bürger/innen eines Staates diskutiert[6]: ein Vorschlag und ein erster Versuch, die für die Zukunft dringend anstehende Frage einer neuen Verteilungsgerechtigkeit durch ein geeignetes System zu lösen. Die Lösung komplizierter Probleme bringt abgesehen von den bei Änderungen immer auftretenden Widerständen freilich auch viele Schwierigkeiten mit sich. Wir entdecken bei dem Übergang von patriarchalischen zu menschlicheren Strukturen, wie oft der „Teufel im Detail steckt".

Gerhard Schmidtchen, den wir oben zitierten, hat keine Lösung der anstehenden Fragen in den zeit- oder gesellschaftlich bedingten unterschiedlichen Rollenzuweisungen gesehen. Wichtig ist für ihn bei der Polarität der Geschlechter die „Kultivierung der Gefühlswelt, ihre ästhetisch nicht verbale Repräsentation, in der Entfaltung der Persönlichkeit durch Partnerschaft und einer in der persönlichen Anziehung liegenden Möglichkeit der kulturellen Sublimierung"[7]. Diese Rollendifferenzierung ist also unaufhebbar und sollte nicht unterdrückt, sondern entfaltet werden.

Mit unterschiedlichen Rollenzuweisungen gehen jedoch meist auch unterschiedliche Bewertungen dieser Rollen einher. Männer bewerten ihre eigenen Rollen und Aufgaben höher, so daß man mit Norbert Bischof von einem „veritablen Zynismus einer Männergesellschaft"[8] sprechen kann. Auf die heutige Situation bezogen, ist dieser Mechanismus von Zuweisung und Wertung noch komplizierter geworden, weil sich bestimmte Rollenvorstellungen schon verfestigt haben.

Im Mittelalter war die Unterdrückung der Frau trotz patriarchalischer Bedingungen weniger ausgeprägt als häufig angenommen wird. Dies ist gewiß auch eine Folge des Christentums, die bis zur Neuzeit wirkte. Paul Tournier schreibt von jener Zeit: „Im Mittelalter war die Frau viel geachteter und im gesellschaftlichen Leben aktiv."[9] Er erinnert dann an die Aussagen von Régine Pernoud: „Wie viele Kämpferinnen der Frauenbewegungen denken in gutem Glauben, daß die Frau immer in eine Kemenate eingeschlossen war, wenigstens im moralischen Sinn, und daß nur die Fortschritte unseres 20. Jahrhunderts ihr einige Freiheit im Ausdruck, in der Arbeit und im persönlichen Leben gewährt haben."[10] Frauen hatten damals Zutritt zur politischen Macht. Königinnen wurden genauso feierlich gekrönt wie Könige, etwa vom Erzbischof von Reims. Manche Frauen hatten mehr Macht als heute ein Staatsmann. So beherrschten z.B. eine Eleonore von Aquitanien oder eine Blanche von Kastilien ihr Jahrhundert wirklich. Daß Eleonore zehn Kinder hatte, war dabei kein Hindernis.

Damals gab es viele Möglichkeiten und Bereiche für Frauen, im wirtschaftlichen Leben selbständig zu sein. Ein aufschlußreiches Symbol solcher Eigenständigkeiten und ihres Verlustes ist es, daß erst im 17. Jahrhundert die Frau den Namen ihres Mannes annehmen mußte. Dies ist heute vielen unbekannt, und man belächelte allzu voreilig jene Männer und Frauen, die bei einer Heirat in dieser Hinsicht neue bzw. alte Wege wieder einschlugen.

Zum Verständnis des Prozesses einer gegen die Unterdrückung und Diskriminierung der Frau sich entwickelnden Bewegung sei hier an einige historische Daten erinnert. Ich vermute, daß in zwanzig, dreißig Jahren viele, besonders junge Frauen keine Vorstellung mehr davon haben werden, welche Anerkennung ihrer Würde und Rechte als menschliche Person den Frauen jahrhundertelang vorenthalten war.

Schon im Jahr 1691 haben Frauen in einem amerikanischen Staat das Stimmrecht gehabt. Dies freilich war nur einmalig und geschah aus berechnenden Motiven. Man wußte genau, daß man nur mit ihren Stimmen ein bestimmtes Ziel durchsetzen konnte: eine sehr sublime Form der „Ausbeutung", da man ja in keiner Weise von der Anerkennung der Frau und ihrer menschlichen Rechte, sondern von einem bestimmten Ziel und Zweck ausging. Darum hat man 1780, 90 Jahre später, den Frauen das Stimmrecht auch wieder genommen. 1788 wurde in Frankreich von dem Philosophen und Politiker Condorcet für Frauen das Recht auf Ausbildung, Teilnahme an der Politik und der Arbeitswelt gefordert. Heute erst bringen Frauen durch ihre wissenschaftliche Forschung die Tatsache ans Tageslicht, daß es bedeutend mehr Gegenstimmen gegen die Diskriminierung der Frau gab, als man bisher wußte. Männer ließen diese Zeugnisse in den Archiven und Bibliotheken begraben sein. Erst durch die Zulassung zum akademischen Studium erhielten Frauen Zugang dazu.

Doch gibt es auch Erfreulicheres zu berichten: Eine so eigenständige und tapfere Persönlichkeit wie Thomas Morus, der 1478 geboren wurde, vermittelte seinen Töchtern die gleiche akademische Bildung wie seinem Sohn. Dem Lehrer seiner Töchter schrieb er bezüglich der Bildung von Mann und Frau: „Beide sind in gleicher Weise zu jenem Wissen und Lernen befähigt, wodurch die Vernunft kultiviert wird." Er weiß, „daß Frauenbildung noch immer etwas Neues ist, das der Trägheit der Männer entgegensteht"[11].

Weitere historische Schlaglichter einer positiven Tradition: 1889 wurde in Rußland eine Mathematikerin in die Akademie der Wissenschaften berufen. Dem Kommunismus waren in Rußland für seine (von ihm dann allerdings falsch betriebene) Emanzipation der Frau schon die Wege geebnet, bevor er an die Macht kam. Denn 1878 hat Rußland bereits eine Universität nur für Frauen eröffnet. Das war ein großer Fortschritt!

1906 wurde den Frauen in Finnland das Stimmrecht gegeben. 1913 in Norwegen, 1917 in den Niederlanden und in Rußland. 1919 war es in Deutschland und in der Tschechoslowakei soweit, 1920 erst in den gesamten USA. Dieses „Land des Fortschritts" lag also hinter den europäischen

Staaten. 1929 erhielten die Frauen das Stimmrecht in Ecuador, 1932 in Spanien, 1945 in Frankreich, in der Gesamtschweiz erst 1971, also noch später als in Spanien und Frankreich.

1961 noch hat eine Schweizer Frau zu mir gesagt, als wir mit ihr über die Emanzipation und das Wahlrecht der Frau diskutierten: „Das brauchen wir doch gar nicht. Ich würde mich bedauern, wenn ich nicht wüßte, wie mein Sohn und mein Mann zu wählen haben!"

Natürlich wurden viele Probleme auf diese Weise gelöst. Zugespitzt formuliert: Ich bin überzeugt, daß manche Frauen die ihnen nachgesagte Diplomatie und Schlauheit niemals entwickelt hätten, wenn sie nicht ihrer Ohnmacht wegen nur auf diesem Weg ihre Ziele hätten verwirklichen können. Es blieb ihnen ja gar nichts anderes übrig. Ihre intuitive Stärke machte es ihnen sicher auch leichter, diplomatisch zu sein.

Das bis heute noch nicht ganz überwundene falsche Frauenbild, das man zugunsten patriarchalischer Strukturen unter Berufung auf vermeintliche männliche Überlegenheit aufrechterhielt, hat seinen Ursprung nicht im Christentum, das mit seinem „neuen Wein" die „alten Schläuche" einer patriarchalischen Welt vorfand.

Soweit der Rückblick auf bisherige Entwicklungen, die hier nicht alle behandelt werden. Darüber hinaus gibt es genügend Material und Literatur[12].

Die erste Periode der Emanzipationsbewegung war bis kurz nach dem Zweiten Weltkrieg häufig durch (falsche) Polarisierungen bestimmt. Soweit uns ihre Nachwehen heute noch begegnen, werden sie mit Recht angegriffen. Aber wir müssen genau unterscheiden können: In welcher Hinsicht haben die Kritiker recht oder unrecht? Wenn selbst von Frauen ein vermännlichtes Menschenbild angestrebt wird, dann werden sie in ihren Möglichkeiten noch mehr eingeengt und in ihrem vollen Menschsein verkürzt. Gegen solche inneren Spaltungen des Weiblichen und Männlichen und gegen diese Verkürzungen muß man sich zu Recht wehren.

Ergibt sich daraus die Forderung nach Gleichberechtigung in bezug auf die Berufstätigkeit von Frauen, so stellt sich hier die Frage nach den sogenannten „Frauenberufen". Gibt es sie überhaupt, oder denken wir hier an solche Berufe, für die Frauen aufgrund der bei ihnen mehr ausgeprägten weiblichen Eigentümlichkeiten des Menschseins mehr Eignung oder Neigung zeigen?

Daß hier wiederum eine Ideologie entwickelt werden kann, die bei Bedarf geändert wird und auch wurde, zeigt folgendes Beispiel: Die beiden Weltkriege mit ihrer Notsituation brachten es mit sich, daß alles sanktioniert wurde, was man vorher mit anthropologischen und auch theologischen, natürlich ideologischen Begründungen verurteilt hatte. Damals mußten Frauen jede Arbeit leisten, und zwar auf Jahre hin, weil die Männer an der Front standen oder in Gefangenschaft waren. Daß diese Leistung wenig gewürdigt wurde und den Frauen im Zuge des Wiederaufbaus, für den sie so viel geleistet hatten, Positionen verlorengingen, steht auf einem anderen Blatt. Außerdem war für die 4,3 Millionen zwangsläufig ehelosen Frauen nach dem 2. Weltkrieg, die ihren Platz in der Arbeitswelt suchen mußten, das Thema „Frauenberufe" so gut wie gegenstandslos. Noch ein interessanter Hinweis zu den sogenannten Frauenberufen: Schon 1870 wurden Frauen vereinzelt zum Medizinstudium zugelassen. Wir kennen die Begründung: Die Frau ist zum Helfen und zum Heilen da. Aber: Nur die Frau? Ist der Mann nicht ebenso zum Helfen und Heilen da? Warum hat er sich den Beruf des Arztes so lange reserviert? Weil es um eine akademische Ausbildung ging, haben die Männer den Arztberuf im voraus zu ihrer Domäne gemacht.

Die Frau wurde erst nachträglich dazu zugelassen. An diesem Beispiel zeigt sich wieder: Ideologien lösen sich im Licht der Wahrheit auf wie der Nebel in der Sonne.

Zur Situation der Frau in der Kirche

Auf den Katholikentagen in München und Aachen haben sich Frauen – durch ihre Eigeninitiative – sehr intensiv bemerkbar gemacht. Für den Katholikentag in Düsseldorf noch schilderte die Vorsitzende eines großen Stadtverbandes der „Katholischen Frauengemeinschaft" in einem Brief ihren Eindruck, der eine weitverbreitete Erfahrung widerspiegelt. Daher sollen hier einige Passagen wiedergegeben werden: „Mit zunehmendem Befremden mußte ich während des Katholikentages in Düsseldorf feststellen, daß die Grundsatzreferate bei den Großveranstaltungen in keinem einzigen Fall von einer Frau übernommen werden konnten. Ich bitte Sie, folgende Gedanken zum Bedenken zu unterbreiten: da die Predigten innerhalb der großen Gottesdienste ohnehin den Geistlichen vorbehalten waren, mußte ... der Eindruck verstärkt werden, daß es sich bei der katholischen Kirche um eine rein von Männern geführte Institution handelt." Karl Forster hatte dieses Phänomen im Zusammenhang seiner Überlegungen zur Frauenpastoral einmal so beschrieben und bewertet: „Vereinfacht zugespitzt läßt sich die geschlechtsspezifische soziologische Schichtung der in der Vergangenheit im kirchlichen Leben Beteiligten dahingehend formulieren, daß die Kirche eine von Männern geleitete Frauenkirche war."[13] Die eben zitierte Schreiberin des Briefes gehört selbst schon zur älteren Generation und fragt sich (und die Kirche), welchen Eindruck dies auf die viel selbstbewußteren, jüngeren Frauen machen muß, deren Auszug aus der

Kirche so lautstark beklagt wird. Sie fährt fort: „Sind denn die Frauen immer noch Laien zweiter Klasse in ihrer Kirche? Dann darf sich niemand wundern, wenn unsere jungen Frauen aus der Kirche ausziehen und die Mädchen in unserer kritischen heutigen Jugend den Weg in die Kirche nicht mehr finden."

Nur zu gerne und zu leicht werden von manchen solche Klagen als Zeichen einer diesseitig und materialistisch eingestellten Generation abqualifiziert – etwa mit solchen Bemerkungen wie: Wir kennen diese emanzipatorischen Töne schon! Doch solche voreiligen Bewertungen entspringen einem moralisierenden Vorurteil, mit dem positive Entwicklungen blockiert werden können.

Die Frage nach der Repräsentanz von Frauen in der Kirche muß nicht mit modernem, weltlichem Zeitgeist etwas zu tun haben. Dies zeigt das Beispiel der Therese von Lisieux, der „größten Heiligen der Neuzeit" (Pius X.), die eine radikale Hingabe an Gott lebte. Im Bericht von ihrer Romreise, die sie 1887 mit ihrem Vater unternahm, schreibt sie: „Ich kann noch immer nicht verstehen, warum die Frauen in Italien so leicht exkommuniziert werden. Jeden Augenblick sagte man uns: ‚Hier dürfen Sie nicht hinein..., dort dürfen Sie nicht hinein, sonst sind Sie exkommuniziert!' ... Oh! Die armen Frauen, wie sind sie doch verachtet! ... Und doch lieben sie den guten Gott in viel größerer Anzahl als die Männer, und während der Passion unseres Herrn zeigten sie mehr Mut als die Apostel... Im Himmel wird er deutlich zeigen, daß seine Gedanken nicht die der Menschen sind, denn dann werden die Letzten die Ersten sein."[14] – So erlebt die kleine Therese die Einstellung der Kirche zur Frau: als etwas völlig Unverständliches.

Man kann Therese zu den Stimmen rechnen, die sich in der neueren Geschichte gegen die Diskriminierung der

Frauen in der Kirche gewandt haben. Es ist eine relativ frühe kritische Stimme angesichts der Verachtung der Frau im kirchlichen Raum. Doch ihre kritische Stimme ist längst nicht die erste.

Wir können Jahrhunderte zurückgehen: bis zu den beiden Frauen, die zu Kirchenlehrerinnen ernannt wurden: Katharina von Siena und Teresa von Ávila. Gerade diese beiden hatten in ihrem durch Christus von ihnen geforderten Einsatz in der Kirche Schwierigkeiten aufgrund ihres Geschlechtes. Katharina von Siena hatte schwerste Bedenken, ob sie den ihr von Christus übertragenen Auftrag, den Papst aus seinem Babylonischen Exil in Avignon nach Rom zurückzurufen, als Frau erfüllen könne. Der Herr aber zerstreute, wie sie schreibt, ihre Bedenken so: „Mit der Gnade meines Geistes beschenke ich, wen ich will. Es gibt nicht Mann oder Frau... Vor mir sind alle gleich."[15] Dieser Wink von oben hätte schon sehr früh zu einer Neubesinnung anregen können. Heute ist der Bezug auf die Stelle in Gal 3,28 zentral geworden: „Es gibt nicht mehr Juden und Griechen, nicht Sklaven und Freie, nicht Mann und Frau; denn ihr alle seid ‚einer' in Christus Jesus."

Teresa von Ávila, diese spanische Frau und Mystikerin, kämpfte um religiöse Freiheit gegenüber einer ausgesprochenen Männergesellschaft und Männerkirche. Sie wurde zur Leiterin einer kontemplativen Reformbewegung weiblicher *und* männlicher Ordensleute, trotz Anfeindungen, Verdächtigungen und Intrigen von seiten weltlicher und kirchlicher Würdenträger. Man wollte gerade im damaligen Spanien den Frauen verbieten, lesen und schreiben zu lernen, die Bibel zu lesen oder die Kunst der Betrachtung zu üben. Für Frauen genügte es, weben zu lernen, das „Vaterunser" und das „Ave-Maria" zu beten. Manche Briefe Teresas hat man über drei Jahrhunderte hinweg nicht zur Veröffentlichung freigegeben. „Gewagte" Aussagen in den

Handschriften ihrer Bücher und Briefe machte man fast unleserlich, vor allem jene, in denen sie sich scharf gegen die Diskriminierung der Frau wendet. Doch sie beruft sich auf die Haltung Jesu gegenüber den Frauen. In einem Dialog mit Christus, den der Zensor fast unleserlich gemacht hatte und der in vielen Ausgaben ihrer Schriften lange Zeit fehlte, sagt sie: „Als du auf dieser Welt warst, bist du, weit entfernt, die Frauen zu verachten, ihnen mit großem Wohlwollen begegnet. Du hast bei ihnen größere Liebe und mehr Glauben gefunden als bei Männern; denn unter ihnen befand sich deine allerheiligste Mutter, deren Verdienste uns Frauen angerechnet werden... Ist es nicht genug, Herr, daß die Welt uns hier eingeschlossen hält? Ist es denn so bestellt, daß wir in der Öffentlichkeit für dich nichts tun können, was der Mühe wert ist? Und sollten wir nicht auch einige Wahrheiten aussprechen dürfen, die wir im stillen bedauern? Solltest du eine solche gerechte Bitte nicht erhören? Ich kann es nicht glauben, Herr, wegen deiner Güte und Gerechtigkeit... Wenn ich unsere Welt von heute sehe, dann finde ich es nicht gerecht, daß Menschen mit einem tugendhaften und starken Gemüt verachtet werden, einzig und allein weil sie Frauen sind."[16]

Diese kritische Anfrage reicht bis in unsere Zeit. Folgendes Beispiel illustriert deutlich, wie weit die These von der Minderwertigkeit der Frau im allgemeinen Denken vorgedrungen war: In einem französischen Lexikon des Kirchenrechts (Paris 1953) steht noch unter dem Stichwort „femme" als Zusammenfassung: Minderwertigkeit und Unfähigkeit[17]. Gegen solche Stereotypen wandten sich im Laufe der Jahrhunderte auch viele vergessene Frauen und Männer, die heute wiederentdeckt werden. Aber auch innerhalb der katholischen Kirche gab es Stimmen, die sich für die Frauenbefreiung einsetzten. So stellte 1908 der einflußreiche französische Dominikanertheologe und Philosoph

Antonin-Gilbert Sertillanges in seinen Vorträgen die genuine Verbindung von Frauenfrage und Christentum heraus[18]. In einigen Ländern (USA, Neuseeland, Finnland) wurden den Frauen zwar schon gewisse bürgerliche und politische Rechte zuerkannt. In England kam es zu den ersten Opfern unter den Vertreterinnen der Frauenbefreiung: Viele der Suffragetten, die für die Rechte der Frauen demonstrierten, wurden verhaftet. Sertillanges stellte damals schon die wichtige und weitergehende Frage, die heute noch aktuell ist: Wie kann man erreichen, daß die Frau nach dem ihr grundsätzlich zuerkannten Recht auch in Wirklichkeit als vollberechtigter Mensch behandelt wird? Heute muß man diese Frage noch dringlicher und konkreter stellen.

Lassen sich nun von seiten der Kirche Äußerungen bringen, die auf diesen Anstoß einzugehen versuchen oder ihn zumindest zur Sprache bringen?

Johannes XXIII. zählt in seiner Enzyklika „Pacem in terris" den „Aufstieg der Frau" zu den drei prophetischen Kennzeichen unserer Zeit. Er trifft hier eine Feststellung, die Ausgangspunkt für alle richtigen Antworten sein muß: „Die Frau, die sich heutzutage ihrer Menschenwürde immer mehr bewußt wird, ist weit davon entfernt, sich als seelenlose Sache oder als bloßes Werkzeug einschätzen zu lassen; sie nimmt vielmehr sowohl im häuslichen Leben wie im Staat jene Rechte und Pflichten in Anspruch, die der Würde der menschlichen Person entsprechen" (Nr. 41).

Die Frau besitzt die gleiche Menschenwürde wie der Mann. Diese zentrale Aussage gilt es auf der Grundlage der Theologie des Zweiten Vatikanischen Konzils, besonders was dessen Aussagen zu Kirche und Laien betrifft, immer besser zu verwirklichen.

Die Beschlüsse des Konzils sind in das neue kirchliche Gesetzbuch eingegangen, wenn es definiert: Aufgrund der Taufe besteht zwischen allen Christen eine wahre Gleichheit in ihrer Würde und Sendung. Dieser entscheidende Kanon 208 läßt, soweit im kirchlichen Gesetzbuch nicht ausdrücklich Ausnahmen formuliert sind, keine ungleiche Behandlung von Männern und Frauen mehr zu. Die drei Ausnahmen sind bekannt: Die Übertragung der Dienste des „Lektors" und „Akolythen" in einem liturgischen Akt, der heute fast nur noch bei Priesterkandidaten vorgenommen wird. Frauen sind außerdem vom Empfang der Diakonats- und Priesterweihe ausgeschlossen.

Doch ist man sich im allgemeinen darüber klar, daß dem ursprünglichen Weihediakonat grundsätzlich nichts im Wege steht. Im Papier der Deutschen Bischofskonferenz „Zu Fragen der Stellung der Frau in Kirche und Gesellschaft" heißt es daher: „Die Gemeinsame Synode der Bistümer in der Bundesrepublik Deutschland hat die Zulassung von Frauen zum Diakonat eingehend erörtert. Sie empfiehlt, an die in Teilen der alten Kirche geübte Praxis der Weihe von Diakoninnen wieder anzuknüpfen. Darum hat sie den Papst gebeten, die Frage des Diakonats entsprechend den heutigen theologischen Erkenntnissen zu prüfen und angesichts der gegenwärtigen pastoralen Situation womöglich Frauen zur Diakonatsweihe zuzulassen."

Auch in der Ostkirche, die in der Frage der „Weihe" den konservativsten Standpunkt einnimmt, weiß man um die Tradition der Diakoninnen, die nachweislich eine Ordination empfangen und auch liturgische Funktionen wahrgenommen haben. Heute gibt es viele Stimmen in der Orthodoxie, die die Wiedereinführung wünschen. Die Wertung dieser Ordination ist zwar in der Orthodoxie strittig. „Die einen sehen darin eine sakramentale Weihe, eine Ordination im eigentlichen Sinn, andere nur ein Gebet mit Handauflegung, die Ernennung zu einem Amt."[19] Eine Entscheidung der römischen Kirche für das Amt der Diakonin blieb bis jetzt offen.

Im Hinblick auf positive Stellungnahmen von seiten einiger katholischer Theologen zur Frage des Weihepriestertums der Frau erklärt die orthodoxe Kirche: „Die Ordination von Frauen zum Priestertum ist für uns gleichbedeutend mit einer radikalen und irreparablen Verstümmelung des Glaubens, der Verwerfung der gesamten Schrift und selbstverständlich dem Ende aller Dialoge."[20]

Man mag über den Inhalt dieses Warnsignals gegenüber der römischen Kirche denken, wie man will: Es könnte zur Schicksalsfrage der Ökumene mit der Ostkirche werden.

Daß die Frage der Frauenordination unter den katholischen Theologen kontrovers blieb, ist kein Geheimnis. Die faktische Situation ist durch die römische Erklärung vom 15. Oktober 1976 festgelegt: „Die Kirche hält sich aus Treue zum Vorbild des Herrn nicht dazu berechtigt, die Frauen zur Priesterweihe zuzulassen."[21]

Dieses Argument der Tradition wird als das wichtigste in der römischen Erklärung gewertet.

Die Diskussion um die Zulassung von Frauen zum Priesteramt ist nicht erst durch feministische Theologinnen ausgelöst worden. Es gibt dazu viele Äußerungen, die man, will man ehrlich und objektiv bleiben, nicht verschweigen darf: Es gab auch in der kirchlichen Tradition stehende – oder von ihr akzeptierte – Frauen, die die Priesterweihe für Frauen nicht absolut ausschlossen. Therese von Lisieux spürte in sich selbst diese Berufung. Sie schrieb in ihren weltbekannten Lebenserinnerungen bei einer Meditation ihrer apostolischen Berufung: „Ich fühle in mir die Berufung zum Priester; mit welcher Liebe trüge ich dich, o Jesus, in meinen Händen, wenn auf mein Wort hin du vom Himmel herabstiegest... Mit welcher Liebe reichte ich dich den Seelen!... Jedoch, so sehr ich wünschte, Priester zu sein, so bewundere und beneide ich die Demut des heiligen Franz von Assisi und spüre in mir die Berufung, ihn nachzuahmen, indem ich die erhabene Würde des Priestertums ausschlage."[22]

Sie verzichtet aus Demut, ihr Frausein stört sie keineswegs. Niemand wird wohl Theresia vom Kinde Jesus, diese geniale Heilige und Theologin, eine Feministin oder „Emanze" nennen.

Auch Edith Stein läßt es sich in ihrem Artikel „Berufe des Mannes und der Frau in der Natur- und Gnadenordnung" nicht nehmen, über die Frage der Frauenordination nachzudenken. Hinsichtlich einer Wiedereinführung des Diakonats für Frauen schreibt sie: „Es mag wohl sein, daß diesem Verlangen eines Tages Gehör gegeben wird. Ob das dann der erste Schritt auf einem Weg wäre, der schließlich zum Priestertum der Frau führte, ist eine Frage. *Dogmatisch* scheint mir nichts im Wege zu stehen, was es der Kirche verbieten könnte, eine solche bislang unerhörte Erneuerung durchzuführen. Ob es praktisch sich empfehlen würde, das läßt mancherlei Gründe für und wider zu."[23]

Edith Stein selbst neigt dem Argument aus der Tradition zu, das ihr darauf hinzuweisen scheint, daß Jesus „zu seinen amtlichen Stellvertretern auf Erden nur Männer einsetzen wollte"[24].

In diesem Punkt wird von einigen Theologen heute eine andere Meinung vertreten: So ließe sich etwa sagen, Jesus hätte aus zeitbedingten Umständen überhaupt nicht anders handeln können. Wollte man aber sein Schweigen zu dieser Frage als Ablehnung interpretieren, könnte man mit gleichem argumentativem Recht sein Schweigen zur Sklaverei als Zustimmung interpretieren.

Edith Stein selbst ist letztlich an einer Lösung dieses Problems nicht interessiert, denn für sie gibt es keine größere Berufung als die der „sponsa Christi – Braut Christi". Diese Berufungslegitimation kann man einordnen in die Vorstellung vom Priestertum aller getauften Gläubigen. Henri de Lubac etwa sieht darin die höchste Würde und Berufung jedes Getauften: Als Glied der Kirche hat er teil an dem alle Ämter überragenden und einschließenden Priestertum Christi[25]. Auch einige Kirchenväter kennen diesen Gedanken. So sagt schon Augustinus: „Zweifellos ist im ursprünglichen und tiefsten Sinn jeder Christ Priester. An dem einen Priestertum Jesu Christi nimmt jeder Christ teil." In einem gleichen Sinn äußert sich auch Leo der Große: „In der Einheit des Glaubens und der Taufe ist jede Würde gemeinsam... Die Salbung durch den Heiligen Geist weiht sie alle zu Priestern."

Für Henri de Lubac ist „dies eine ‚mystische' Wirklichkeit, die in ihrer Art durch keine neu hinzutretende Einrichtung der Weihe, durch kein anderes Priestertum übertroffen oder vertieft werden kann"[26]. Das allgemeine Priestertum gilt für *alle* Getauften, für Männer und für Frauen. Es bleibt abzuwarten, inwieweit solche theologischen Gedanken in die Überlegungen des Problems „Weihe von Frauen" eingehen werden.

Die Leidenschaft, mit der die Diskussion um die Diskriminierung von Frauen auch in der Kirche geführt wird, hat sachliche Hintergründe. Zum einen spiegelt sie tatsächliche Erfahrungen von Frauen wider, die sich auch in ihrem „Kirchenalltag" häufig unterschiedlichen Formen der Diskriminierung ausgesetzt fühlen. Zum anderen wird auch ein grundsätzliches Problem deutlich, das im Umgang mit neutestamentlichen Aussagen besteht. Das letztere konkretisiert Bischof Josef Homeyer wie folgt: „Im Neuen Testament können wir ein Ringen erkennen zwischen Aussagen von der Unterordnung der Frau unter den Mann und der Feststellung von deren Ebenbürtigkeit. Dieses Ringen erkennen wir auch in der ganzen Geschichte der Kirche. Man kann ruhig zugeben, daß es häufig auch Anstöße von außen waren und sind, die uns Christen veranlassen, uns der fundamentalen neutestamentlichen Aussagen über die Frau voller bewußt zu werden und auch der daraus sich ergebenden Konsequenzen... Die Kirche hat die tiefgreifende Herausforderung seit Johannes XXIII. erkannt, aber wohl noch längst nicht angemessen beantwortet."[27]

Zwar gibt es auch innerhalb der Kirche, besonders von den Päpsten seit Johannes XXIII., viele positive Äußerungen. Doch haben sie nicht den Bekanntheitsgrad erreicht, der zu wünschen wäre. Auch damit hängt es zusammen, daß die Praxis die Theorie noch längst nicht eingeholt hat. Das Unbehagen vieler Frauen besonders der jüngeren Generation in der Kirche und an der Kirche beruht auch auf dieser Diskrepanz von Theorie und Praxis. Doch läßt sich noch ein weiterer Grund anführen, der dieses Unbehagen auf einem allgemeineren und grundsätzlicheren Hintergrund beleuchtet und auf den in anderem Zusammenhang noch näher einzugehen ist. Die Wertvorstellungen bzw. Normen der Kirche fallen nicht mehr selbstverständlich mit den Wertvorstellungen der Gesellschaft zusammen. Sie stehen sogar oftmals in einem Konflikt zueinander. Viele – und durchaus viele kirchlich engagierte – Frauen üben ebenso Kritik an vielen traditionellen Normen der Kirche, zum Teil lehnen sie diese sogar ab. Dies weist auf einen schmerzlichen Verlust an Glaubwürdigkeit der Kirche bzw. ihrer pastoralen Praxis hin. Zwar betrachten viele jüngere Frauen die Kirche noch grundsätzlich als dafür zuständig, einen positiven und entscheidenden Beitrag für die Übernahme der ihnen zustehenden Aufgaben zu leisten. Doch gleichzeitig erwarten sie von der Kirche kaum noch konkrete Schritte.

Lautloser Auszug aus der Kirche

Seit dem Konzil ist in der Bundesrepublik der sonntägliche Kirchenbesuch um rund 50 Prozent gesunken. Dies zeigt die Statistik für den katholischen Bevölkerungsteil. Gerade nach dem Konzil, das überall so viel Hoffnung auslöste, hätte man diese Entwicklung nicht erwartet. Darum stand man ihr zunächst auch sehr hilflos gegenüber. Bei den ersten Analysen stellte sich heraus: Konnte man früher davon ausgehen, daß einem mäßigen Kirchenbesuch von seiten der Männer ein eifriger von seiten der Frauen gegenüberstand, so begann sich jetzt dieser Unterschied zwischen den Geschlechtern zu verschieben. Es entstand bald die These vom „lautlosen Auszug“ der Frauen aus der Kirche. Dies beschreibt ein völlig unerwartetes Phänomen im Leben einer Kirche, die man – wie erwähnt – aufgrund ihrer soziologischen Schichtung eine „von Männern geleitete Frauenkirche“ (Karl Forster) genannt hat. Mit ihren Versuchen, das neu entstandene Problem in Angriff zu nehmen, steht die Kirche noch am Anfang. Für mich ist die Frage nach den Ursachen dieses Auszugs der Frauen aus der Kirche eng verbunden mit der notwendigen Entlarvung und auch Bekämpfung eines allgemeinen Patriarchalismus.

Wieviel wissen wir über die bisherige Entwicklung? Durch soziographische Erhebungen, die im Bistum Speyer Anfang der sechziger Jahre durchgeführt wurden, konnte man bereits erfahren, daß sich das Verhalten der 16- bis 25jährigen Mädchen und Frauen bezüglich Kirchenbesuch und Sakramentenempfang dem der männlichen Seite weithin angepaßt hat. Dies überraschte, denn es war im kirchlichen Leben ein völlig neues Phänomen. Wie sieht die Entwicklung in der übrigen Bundesrepublik Deutschland aus? Es liegen verschiedene, seit Jahren vom Allensbacher

Demoskopischen Institut durchgeführte Untersuchungen vor, die das Ergebnis gezielter Umfragen sind. Waren die Frauen gerade in Deutschland lange Zeit die tragende Schicht einer den Glauben praktizierenden und an die nächste Generation weitergebenden Kirche, so muß man heute davon ausgehen, daß hier ein empfindlicher Einbruch erfolgt ist. Die älteren Frauen stellen heute den Großteil des Kirchenvolkes. Die Gottesdienstgemeinden und die religiös noch am stärksten motivierten Bevölkerungskreise sind extrem überaltert.

Zwar kann man bei besonderen Gottesdiensten oder bei den unter ganz anderen Gesichtspunkten zu beurteilenden Katholikentagen vielen Jugendlichen begegnen. Dies mag manche zu dem irrigen Glauben verleiten, ein neuer Frühling für die Kirche sei im Kommen. Vielleicht mögen sich manche damit selbst beruhigen. Doch muß man, soweit möglich, die kontinuierlichen Trends beobachten und daraus Schlüsse ziehen: „Knapp die Hälfte aller erwachsenen Gottesdienstbesucher ist 60 Jahre und älter. Während die über 60jährigen in den Gottesdiensten stark überrepräsentiert sind, sind die 16- bis 29jährigen unter den Gottesdienstbesuchern nur schwach vertreten und auch die 33- bis 44jährigen stark unterrepräsentiert. Die große Mehrheit der jungen Generation, auch der jungen Frauen, bleibt der Kirche fern.“[28] Renate Köcher, die diese Untersuchung durchführte, ist überrascht, daß selbst Verteidiger von Kirche und Religion der Erklärung zuneigen, die Entfremdung von Kirche und Religion vollziehe sich schon jahrhundertelang und habe ihren Grund in der Zunahme des Wissens und der Aufklärung. Es schwingt dabei die Überzeugung mit, daß der informierte, weltliche und emanzipierte Mensch die Eierschalen der Religion abstreifte. Die Gegenfrage muß lauten: Haben sich etwa die Reihen der Priester, Bischöfe, der theologischen Wissenschaftler und Tausende junger Menschen, die Theologie studieren, im Zeitalter von Wissenschaft und angeblichem Fortschritt nur aus naiven, wissenschaftsscheuen und fortschrittsfeindlichen Zeitgenossen gefüllt? Dann wäre die Kirche die Oase eines allerdings tödlichen Friedens und stünde nicht nur jenseits der Stürme der modernen Welt, sondern wäre auch nicht das von tatsächlichen Konflikten innerhalb der eigenen Besatzung geschüttelte Schiff Petri.

Durch die Methoden der Sozialforschung überblicken wir die Entwicklung der letzten vier Jahrzehnte gesicherter und sehen nichts von einer allmählichen, stetigen Entfremdung, sondern vielmehr eine lange Phase der Stabilität, die dann plötzlich von einer tiefen Krise in Religiosität und Kirchenbindung abgelöst wird. Bis in die zweite Hälfte der sechziger Jahre schien alles noch beim alten zu bleiben. Der schmerzlich schockierende Einbruch begann 1968 und dauerte bis 1973. Nach so vielen Jahren der Stabilität blieben innerhalb von nur fünf Jahren rund 40 Prozent der sonntäglichen Gottesdienstbesucher der Kirche fern.

Dazu einige Zahlen: Am Ende der vierziger Jahre besuchten von den Katholiken rund 51 Prozent regelmäßig den Gottesdienst; Mitte der sechziger Jahre stieg die Zahl sogar auf 55 Prozent, 1969 waren es nur noch 48 und 1973 35 Prozent.

Der Einbruch im Jahr 1968 war sicher ursächlich verbunden mit einer Änderung in der Einstellung zu den Moralvorschriften der Kirche und mit einer anderen Bewertung von Ehe und Familie. Auch das Selbstverständnis der Frauen und ihre Einstellung zur Religion wandelten sich.

1968 bekannte sich noch die Hälfte der jungen Katholikinnen voller Überzeugung zur Kirche und ihrer Lehre. 37 Prozent der anderen Hälfte distanzierten sich von der Kirche, aber nicht vom christlichen Glauben. Heute bekennen sich nur noch 22 Prozent der katholischen Frauen unter 30 Jahren vorbehaltlos zu ihrer Kirche, und bloß noch 22 Prozent nennen sich außerdem christlich, aber kirchendistanziert. Die Auffassung, daß die junge Generation und eine wachsende Zahl junger Katholikinnen nur zur Institution Kirche in der Opposition, im Glauben jedoch fest verankert seien, läßt sich nicht aufrechterhalten. Mit der allgemein festzustellenden Entfremdung von der Kirche schwindet auch die Glaubenssicherheit in der ganzen Bevölkerung. Dies gilt besonders für die jungen Frauen. Denn man hat nachgewiesen, daß die Religiosität junger Frauen viel stärker als bei allen anderen Bevölkerungsgruppen von einem intakten Verhältnis zur Institution Kirche abhängig ist. Bei einem Teil jener, die sich noch als religiös, aber als kirchendistanziert bezeichnen, kann man von „vagabundierender Religiosität" sprechen. Dies ist eine neuartige Erscheinung. Das Aufblühen von Sekten und Jugendreligionen, von okkultischen und magischen Ersatzformen der Religion weist symptomatisch darauf hin, daß diese „vagabundierende Religiosität" sich immer mehr von der Kirche entfernt und einen Prozeß der Glaubensaufweichung signalisiert.

Die Zahl der Unsicheren, die glauben möchten, aber zweifeln, ist im Verlauf dieses Prozesses gestiegen. 23 Prozent der jungen katholischen Frauen sagen, daß sie gerne glauben möchten, sich aber unsicher fühlen. Die Folgen dieser Verunsicherung und Entfremdung zeigen sich darin, daß immer mehr junge Frauen als aktive Glieder der Gemeinde ausfallen und auch ihre Kinder nicht mehr religiös erziehen. Das Fehlen von Kindern in den Gottesdiensten ist sicher nicht nur auf den Geburtenrückgang zurückzuführen. Das Wegbleiben der jungen Mütter mit ihren Kindern ist für die Pastoral entmutigend.

Im statistischen Vergleich nimmt die Bundesrepublik gegenüber den USA und anderen europäischen Ländern die schwächste Position bezüglich der religiösen Erziehung von Heranwachsenden im Elternhaus ein. Die Gründe dafür sind vielfältig. So mag in vielen Familien Scheu bestehen, weltanschauliche Fragen zu diskutieren und damit möglicherweise einen grundsätzlichen Dissens offenzulegen oder heraufzubeschwören. Eigene Unsicherheit der Erwachsenen mag hinzukommen. Aus der Jugendpsychologie weiß man aber, daß Religiosität und Glaubenssicherheit von Kindheitserfahrungen abhängen. Ohne sie können Menschen ein ganzes Leben an Desorientierung leiden und kaum mehr eine Brücke zum Glauben finden. Was bedeutet dies also für die nächste Generation, wenn 82 Prozent der jungen Familien, und das heißt de facto: der jungen Mütter, auf die religiöse Erziehung ihrer Kinder verzichten?

Zur Ergänzung der demoskopischen Daten aus der Bundesrepublik Deutschland sollen hier auch noch einige Ergebnisse genannt werden, die einer französischen Umfrage aus dem Jahr 1979 entstammen: „59 Prozent der Befragten gehen demnach selten oder nie zur Kirche. Nur 9 Prozent der Frauen zwischen 18 und 34 Jahren zählen sich selbst zu den praktizierenden Katholiken." Die Frauen wurden gefragt: „Erwarten Sie irgendeine Hilfe von der Kirche im persönlichen Bereich?" 72 Prozent antworteten mit Nein. 70 Prozent erwarteten keine Hilfe im Arbeitsbereich und 77 Prozent auch keine im sozialen und gesellschaftlichen Leben. Die sogenannte Mittelschicht erwartet sich von der Kirche am allerwenigsten (80 Prozent).

Auch diese Zahlen spiegeln einen grundsätzlichen Trend wider: Im Hinblick auf solche Ergebnisse drängt sich uns auch die Frage auf: „Wer steht heute wem fern?" Die Botschaft, die von der Kirche den Menschen zu bringen ist, sollte letztlich eine Hilfe zum Leben sein. Über 70 Prozent aber brauchen oder wollen sie nicht mehr. So muß man pointiert feststellen: Nicht nur viele Menschen stehen der

Kirche fern, sondern auch die Kirche steht oft dem Leben der heutigen Menschen fern. Eine solche Einsicht muß am Anfang einer redlichen pastoralen Neuorientierung stehen, die aus dem „lautlosen Auszug der Frauen" aus der Kirche pastorale Konsequenzen ziehen will.

Zwar ist die Sensibilität der Kirche im Hinblick auf die Frauenfrage nach dem Konzil und der Synode gewachsen. Vielleicht steht dabei auch der im folgenden zugespitzten Satz formulierte Schrecken im Hintergrund: „Im vorigen Jahrhundert hat die Kirche die Arbeiter verloren. In diesem ist sie dabei, die Frauen zu verlieren." Doch bloßes Aufgeschrecktsein und Sensibilität allein genügen nicht. Johannes XXIII. hat einmal für die Lösung der heutigen Probleme jene bekannte Methode vorgeschlagen, die man auch hier wählen sollte. Alle in der Kirche Verantwortlichen müssen bereit sein, alle drei Schritte dieser Methode ernsthaft zu gehen: „Sehen – Urteilen – Handeln". Sehen wir also noch einmal näher hin:

Man hat die These vom „lautlosen Auszug der Frauen" aus der Kirche aufgrund einer Statistik der Jahre 1975 – 1979 auch in Frage gestellt. Diese Erhebung verzeichnete einen weiteren Rückgang der sonntäglichen Kirchenbesucher von 7 Prozent. Der Einbruch war aber bei den Männern, vor allem bei den Arbeitern, stärker als bei den Frauen. Angesichts der geschilderten Situation ist die Tatsache, daß seit dem großen Einbruch in allen Altersschichten die Frauen die stärkste Stütze von Glauben im kirchlichen Leben dennoch geblieben sind, tatsächlich ein Zeichen der Hoffnung. Wir dürfen aber nicht vergessen, daß die eigentliche Auswanderung von 1968 bis 1973 stattgefunden hat. Hier war der Anteil an Frauen besonders bei den 20- bis 45jährigen höher als je zuvor.

Das Faktum des „lautlosen Auszugs" zeigt sich nicht nur am Rückgang des sonntäglichen Kirchenbesuchs. Die französische Umfrage zeigte deutlich, daß sich nur 9 Prozent als praktizierende Katholiken betrachten, obwohl noch 41 Prozent in den Gottesdienst gehen. In der Bundesrepublik Deutschland gehen von den 30- bis 45jährigen Frauen auch noch rund 30 Prozent am Sonntag in die Messe. Doch hatten schon 1967 48 Prozent der Frauen zwischen 18 und 29 Jahren, 1973 aber sogar 72 Prozent keine Probleme damit, wenn eine junge Frau und ein junger Mann unverheiratet zusammenleben. In all diesen Zahlen spiegelt sich – und dies gilt besonders für die jüngere Frauengeneration – auch die Abkehr von den Wertvorstellungen und den Normen der Kirche. Bereits 52 Prozent der kirchengebundenen Katholiken und 88 Prozent der kaum noch gebundenen sagten, sie würden sich nicht mehr an die Sexualnormen der Kirche halten. Diesen Umbruch, der in die Zeit des Konzils fiel, hat man damals schon eine „stille Revolution" genannt.

Konsequenzen hat solcher Wandel natürlich auch für die Erziehung der Kinder. Heute lehnen die Frauen es weithin ab, die nächste Generation auf traditionelle Art und Weise wieder zu „verchristlichen". Eine Folge davon mag dieses Beispiel verdeutlichen: Beim Religionsunterricht in einer Frankfurter Schulklasse von Schulanfängern wußten 60 Prozent der Kinder nicht, ob sie katholisch oder evangelisch seien. Die Weigerung der Mütter, in deren Händen herkömmlicherweise die religiöse Erziehung lag, mag ein bestimmter Ausdruck des Protests sein: „Die Mitglieder der Frauenbewegung sprechen in diesem Fall sogar von einem Streik der Frauen, die durch diese Störung der bestehenden Ordnung stillschweigend gegen ihr Unbehagen in der Kirche protestieren. Was sie nicht mit Worten ausdrücken können, drücken sie dadurch aus, daß sie einfach nicht weiter an dem von ihnen erwarteten Werk mitarbeiten."[29]

Was ist zu tun? Gewiß geht es bei Lösungsversuchen dieser Problematik nicht (nur) darum, die Frauen in der Kirche zu halten oder zurückzugewinnen. Wenn man davon ausgeht, daß die Welt die Kirche braucht, dann soll die Kirche auch Modell sein für die Lösung der Fragen, die für die Zukunft – nicht nur der Frauen – entscheidend sind. In den Frauen liegen ein großes Potential und ein Impuls, sich solchen Zukunftsfragen kreativ zu widmen: Das macht auch die Verbreitung der Frauenbewegung deutlich, die zu einer der stärksten Zeitströmungen geworden ist. Auch ein Ausspruch Lenins, des „Vaters" der bolschewistischen Revolution, zeigt, welche Bedeutung den Frauen und ihren Fähigkeiten zugemessen wird: „Wenn wir die Frauen gewinnen, gewinnen wir die Weltrevolution", prophezeite er.

Frauen dürfen nicht mehr von der Lösung (auch für die Kirche) lebenswichtiger Probleme ausgeschlossen werden. Ein Anfang ist in der Kirche schon gemacht. Die Frauen sind nicht nur aus der Kirche ausgezogen. Sie haben auf eine neue Weise dort auch Einzug gehalten. Sie betreten den Altarraum schon lange nicht mehr nur zum Putzen. Sie nehmen teil an der Gestaltung der Liturgie, erfüllen als studierte Theologinnen nicht nur Lehraufträge in den Schulen, sondern übernehmen als Pastoral- und Gemeindereferentinnen auch viele Aufgaben, die in früheren Zeiten, als noch kein Priestermangel bestand, üblicherweise nur von Priestern wahrgenommen wurden. Wir wissen, daß Krankheiten immer neu die medizinische Wissenschaft herausfordern und weiterführen. Notlagen der Kirche können uns in ähnlicher Weise die Augen öffnen für die Wege, wie der Geist Gottes seine Kirche zur Erfüllung ihrer Aufgaben in der Welt weiterführen möchte.

2. Kapitel

Der Patriarchalismus

Die Sprache ist die Quelle von Mißverständnissen", sagt der kleine Prinz bei Saint-Exupéry[1]. Und in der Tat: wie oft reden wir aneinander vorbei, nur weil wir mit den gleichen Begriffen unterschiedliche Vorstellungen und Inhalte unseres Denkens zum Ausdruck bringen. Gerade bei unserem von so vielen Emotionen besetzten Thema ist es wichtig, zunächst einmal die Begriffe zu definieren.

Was ist hier also gemeint, wenn ich von Patriarchalismus spreche? Ich bezeichne damit zunächst ein Phänomen, das man durch bestimmte Verhaltensweisen und durch sie bedingte Strukturen beschreiben kann; dann vor allem jene Ideologie, mit der man diese Verhaltensweisen und Strukturen zu begründen und zu rechtfertigen versuchte. Ich möchte mit theologischen und psychologischen Einsichten aufzeigen, wie der Patriarchalismus entstand und worin seine wahren Ursachen begründet sind. Theologische Analyse trifft sich hier mit dem, was durch Veröffentlichungen moderner Autoren aus dem Bereich der Humanwissenschaften bestätigt wird.

In einer zusammenfassenden und einfachen Definition sei vorweg folgendes gesagt: Patriarchalismus ist die seit Jahrtausenden verbreitete Anschauung einer grundsätzlichen Überlegenheit und damit begründeten Vorherrschaft von Männern über Frauen.

Es gibt zwei Möglichkeiten: Entweder besteht dieser Zustand zu Recht – dann müssen wir ihn akzeptieren und dürfen ihn nicht bekämpfen. Oder er ist ein Unrecht – dann allerdings ist es höchste Zeit, daß er bekämpft und geändert wird. Die Verwirklichung aller Menschenrechte ist heute eine ständige Forderung. Johannes Paul II. hat sich in seiner ersten Enzyklika „Redemptor hominis" programmatisch dafür eingesetzt.

Zunächst muß also geklärt werden: Ist Patriarchalismus im Sinne von Überlegenheit der Männer über Frauen und die damit begründete Vorherrschaft über sie berechtigt, oder ist er es nicht? Dies ist eine Frage von moralischer Qualität. Neutralität kann es hier nicht geben. Zwar hat es den Anschein, daß sich viele Menschen neutral zu diesem Problem verhalten. Bei näherem Hinsehen jedoch sind sie es nicht wirklich. Auch nicht diejenigen unter den Männern, die sich am scheinbar neutralsten verhalten. Denn die Männer sind ja in ganz besonderer Weise von dieser Problematik betroffen. Auch durch Schweigen und Stillhalten kann man nicht der grundsätzlichen Frage aus dem Weg gehen: Ist der Patriarchalismus berechtigt? Wenn ja, dann muß er bleiben. Wenn er aber falsch ist, dann muß man gleich weiterfragen, ob er „böse" ist. Für mich lautet die entscheidende Frage: Handelt es sich hier um eine bloß irrige Meinung? Stammt der Patriarchalismus aus der Sünde und ist deshalb zu verwerfen?

Ich stelle die These auf: Der Patriarchalismus ist aus dem Bösen. Wenn ich den Begriff des „Bösen" gebrauche, schließe ich mich dem Gebrauch dieses Wortes bei Jesus an. Er meint damit zunächst einmal „das böse Herz". Von dem Ausspruch Jesu müssen wir uns alle selber treffen und in Frage stellen lassen: „Ihr, die ihr böse seid" (Lk 11,13). Auf die konkrete theologische Bedeutung des Wortes „böse" wird später noch einzugehen sein.

In diesem Zusammenhang muß gleich auch noch dies festgestellt werden: Wenn das Patriarchat verkehrt ist, dann muß umgekehrt ebenso ein Matriarchat abgelehnt werden. Es wäre das negative Gegenteil, die unbegründete Überlegenheit von Frauen über die Männer und eine ebenso abzulehnende Vorherrschaft (unter umgekehrten Vorzeichen) aufgrund der Geschlechtszugehörigkeit. Etwas Weiteres, eigentlich eine Selbstverständlichkeit, muß ebenfalls in diesem Zusammenhang angemerkt werden: Man darf die Stellung und Autorität von Vorgesetzten nicht mit einer grundsätzlichen und negativ zu bewertenden Vorherrschaft verwechseln. So üben z. B. Mütter und Lehrerinnen (legitime) Autorität aus. Aber sie wollen in der Regel die Kinder nicht beherrschen. Wenn Frauen heute in gesellschaftliche Führungspositionen gelangen, dann geht es nicht von vornherein um bloße Machtumkehrung. Hier handelt es sich vielmehr um den Abbau falscher Strukturen auf dem Weg zu mehr Gleichberechtigung. Ausübung von Macht ist nicht schon in sich negativ oder verwerflich.

Auch dies muß noch gesagt werden: Es ist nicht zu leugnen, daß es Strömungen gibt, die den Patriarchalismus zwar überwinden, aber durch Nivellierung der Geschlechter einen bloßen Rollentausch bewirken möchten. Dies liefe, gewissermaßen bei doppelter Teilnehmerzahl, wiederum auf einen allgemeinen Kampf um Machtpositionen hinaus. Alle Tendenzen und Strömungen dieser Art können wir aus christlicher Sicht nicht akzeptieren. Denn gegen jeden bloßen Kampf um Macht hat Christus sich gewandt, der uns Herrschaft als Dienst lehrte und vorlebte. Patriarchat und Matriarchat sind sozusagen nur die zwei Seiten *einer* Medaille. Man muß also unterscheiden zwischen Emanzipationsbewegungen, die egoistische Machtziele im Sinne einer bloßen Machtumkehrung verfolgen, und denjenigen Theorien und Forderungen, die bestehende Einseitigkeiten beseitigen wollen. Nur die letzteren lassen sich mit christlicher Offenbarung vereinbaren. Allerdings nicht nur dies: Sie können sogar aus ihr gefolgert und mit ihr begründet werden.

Wenn wir uns nun mit dem Phänomen „Patriarchalismus" und der Notwendigkeit seiner Überwindung auseinandersetzen, so können uns vielleicht die folgenden Überlegungen Fritjof Capras weiterhelfen. Er schreibt über die historische Dimension unserer Fragestellung: „Die Herrschaft des Patriarchats erstreckt sich über mindestens dreitausend Jahre, eine Periode, die so lang ist, daß wir nicht sagen können, ob es sich dabei um einen zyklischen Prozeß handelt, weil unser Wissen über die präpatriarchalischen Zeiten viel zu dürftig ist. Was wir jedoch wissen, ist, daß die abendländische Zivilisation und ihre Vorläufer – wie übrigens auch die meisten anderen Kulturen – während der vergangenen dreitausend Jahre auf philosophischen, politischen und sozialen Systemen beruhen, in denen Männer – sei es durch Gewalt, direkten Druck oder Ritual, Tradition, Gesetz und Sprache, durch Sitten, Etikette, Erziehung und Arbeitsteilung – bestimmten, welche Rolle Frauen spielen sollen oder nicht spielen dürfen, und in denen die Frau überall vom Mann unterdrückt wurde ... Während des Verlaufs der aufgezeichneten Geschichte ist dieses System nie öffentlich in Frage gestellt worden. Vielmehr wurden seine Lehren so universal akzeptiert, daß sie Naturgesetzen gleichkamen."[2]

Diese Lehren sind vielen von uns in Fleisch und Blut übergegangen. Wir atmen sie gleichsam seit unserer Kindheit als Weltanschauung ein, ohne uns dessen bewußt zu sein. Die Frauen hatten keine Möglichkeit, dieses Unterdrückungssystem in Frage zu stellen oder es gar zu ändern; also erduldeten sie es. Doch heute gibt es Anzeichen für einen Wandel nicht nur des Bewußtseins, sondern auch der Verhältnisse. Capra stellt für die Gegenwart den Verfall des Patriarchats fest. Für ihn ist er unvermeidlich, auch wenn er widerwillig erfolgt und von vielen emotionalen Widerständen begleitet ist. Seiner Ansicht nach begründet dieser Verfall des Patriarchats und seiner Einseitigkeit die globale Phase des Übergangs. „Die feministische Bewegung", so schreibt er, „ist eine der stärksten kulturellen Zeitströmungen und wird sich tiefgreifend auf unsere weitere Evolution auswirken."[3]

Kirche befindet sich gesellschaftlich nie im „luftleeren" Raum. Sie ist immer „in Gesellschaft", auch wenn ihr innerster Antrieb sich gegen gesellschaftliche Angleichung wenden muß. Wir müssen gerade hier feststellen, daß sich das Übergewicht des patriarchalen Erbes – trotz der Umbruchsignale Jesu – weithin auch im kirchlichen Raum verfestigt hat. Die Strukturen der Kirche spiegeln gesellschaftliche Strukturen und Bedingungen wider. Es ist gewiß ein Versäumnis der Kirche, daß sie gegenüber der Gesellschaft die für Frauen befreiende Grundintention nicht entschiedener und im vollen Ausmaß des Impulses Jesu aufgenommen hat. Dennoch, ihr die Ursachen eines – auch gesellschaftlichen – Patriarchalismus anzulasten, hieße den Begründungszusammenhang verkehren. Papst Johannes XXIII. unterstrich in seiner Enzyklika „Pacem in terris", daß der von ihm geforderte „Aufstieg der Frau" in christlichen Ländern schneller erfolge als in anderen. Das mag vielleicht auch darin begründet sein, daß sogenannte christliche Länder heute zum großen Teil den entwickelten Industrieländern zuzuordnen sind, in denen Frauen gesellschaftliche Teilhaberrechte erhalten haben bzw. noch weiter fordern. Aber es ist letztlich auch Ausdruck und Folge christlicher Grundüberzeugung von der Gleichwertigkeit der Frau, auch wenn ihre Wirksamkeit weithin blockiert war.

Der Ursprung des Patriarchalismus

Zur Frage nach dem Ursprung des Patriarchalismus gibt es, im Sinn einer theologischen Analyse, bisher noch keine geschlossene vollständige Darstellung. Zwar wird man wenig Widerspruch ernten mit der Behauptung, daß der Patriarchalismus im oben beschriebenen Sinn falsch sei. Aber die wichtige Frage ist die nach seiner Ursache. Erst wenn wir sie entdecken, können wir auch den Weg zu seiner Überwindung präziser beschreiben. Ich werde deshalb versuchen, die Wurzeln des Patriarchalismus bloßzulegen und dann auch seine Symptome zu analysieren. Erst wenn die Ursachen des Patriarchalismus klar und offen vor uns liegen, besitzen wir auch überzeugende Kriterien zur Beurteilung der Symptome.

Meine These war: Der Patriarchalismus stammt aus dem Bösen, das heißt seine Wurzel liegt im Sündenfall. Den Ursprung des Bösen will uns die biblische Schöpfungsgeschichte mit ihren Aussagen, Bildern und Symbolen insbesondere in der Erzählung vom Sündenfall erklären und darlegen. Diese Schöpfungsgeschichte ist in christlicher Sicht Bestandteil der Offenbarung. Die Aussagen, die in dieser Erzählung getroffen werden, sind daher nicht beliebig, sondern sie betreffen wesentlich und direkt unsere Wirklichkeit noch hier und heute. Wenn wir uns jetzt mit dieser biblischen Geschichte beschäftigen, suchen wir eine Antwort auf die Frage, ob sich aus ihr tatsächlich, so wie es in der Tradition häufig geschehen ist, die Vorherrschaft des Mannes über die Frau ableiten läßt, um sie sozusagen als schöpfungstheologische Gegebenheit zu legitimieren? Oder muß der Patriarchalismus als Folge des Sündenfalls und damit als Ausdruck der Sündhaftigkeit des Menschen gedeutet werden? Dann wäre er nicht nur nicht gerechtfertigt von Gott, sondern von ihm überhaupt nicht gewollt. Mit diesem Hinweis wird schon deutlich, daß man nur mit dem Bericht vom Sündenfall und seinen Folgen die sich daraus abgeleitete Lehre von der Erbsünde zu illustrieren, zu erklären und auch kritisch zu reflektieren vermag. „Wer auf die Lehre der Erbsünde verzichtet, verzichtet auf das Schwert, mit dem der gordische Knoten aller Welträtsel gelöst werden kann." Dieser Satz des großen Philosophen und religiösen Denkers Pascal beweist seine Gültigkeit gerade für das Verständnis der Folgen des Sündenfalles im Blick auf das Verhältnis von Mann und Frau.

Mit der Darlegung der Ursache und der Folgen des Sündenfalles öffnet uns der biblische Bericht die Augen für die Gebrochenheit unserer menschlichen Existenz. Der Bericht erzählt uns das Entscheidende vom Anfang dieses Unheilszustandes. Wenn sein Ursprung erhellt wird, verstehen wir auch den Weg, der bis ins Heute geführt hat. Der Ausgangspunkt vermittelt deshalb schon grundlegende Einsichten in die Zustände und Verhältnisse des Hier und Heute. Der Bericht vom Sündenfall macht deutlich, daß in der für die Würde des Menschen so wesentlichen Freiheit auch der Grund seiner Versuchbarkeit liegt. Wir können aufgrund von Mißtrauen in die Liebe Gottes durch Selbstüberschätzung und Hochmut unsere Freiheit mißbrauchen, um unser Leben und Schicksal in die eigene Hand zu nehmen. Darin besteht die Illusion: „Ihr werdet wie Gott" (Gen 3,5); das war die Versuchung, und das ist sie geblieben bis heute.

Es gibt ernst zu nehmende Psychologen, die uns den Blick wieder geschärft haben für diese Grundübel und für unsere so tief sitzenden menschlichen Fehlhaltungen wie z.B. Größenwahn und Habsucht. Horst Eberhard Richters Buch „Der Gotteskomplex" ist hier ebenso zu nennen wie Erich Fromms berühmt gewordenes Werk „Haben oder Sein"[4].

Der Hochmut[5] bleibt als „Anfang aller Sünde" (Sir 10,12f.) die Wurzel dieser tief- und weitreichenden Fehlhaltung, zu der als Folgen die Rivalität, das Streben nach Vorherrschaft oder die Anwendung von Gewalt zählen. Solche psychologischen Analysen verweisen durchaus auf das, was uns die Bibel in Bilderzählungen als Grundeinsicht in unser Stammbuch schreibt. Vielleicht haben wir zu wenig auf die den Kirchenvätern und spirituellen Theologen bekannten Zusammenhänge geachtet, die jetzt von Humanwissenschaftlern wieder betont werden. Die Kirche muß sich, auch von auf ihrer Seite stehenden Wissenschaftlern, wie etwa René Girard, den Vorwurf gefallen lassen, daß sie bis in die Verkündigung hinein diese Probleme verdrängt oder ihnen zu wenig Aufmerksamkeit gewidmet hat[6].

Für unsere Fragestellung ist jedoch sehr wichtig, daß die genannten Fehlhaltungen weitreichende und schwerwiegende Konsequenzen auch für das Verhältnis zwischen Männern und Frauen haben. Kurze Hinweise mögen hier genügen: Hochmut und Größenwahn führen zur Rivalität und zur Unterdrückung; Habsucht ist schuld daran, daß Menschen (hier: die Frauen) als Besitz betrachtet oder ausgebeutet werden; die letzte Konsequenz aus diesem sich etwas Verfügbarmachen liegt in der Anwendung von Gewalt, die bis zur Vergewaltigung reichen kann.

Wo liegen nun, hört man auf die Erzählung vom Sündenfall, die Wurzeln solchen Verhaltens? Die Bibel nennt als Ursache der Versuchung, die zur Sünde führte, ganz deutlich den Wunsch: „Sie wollten sein wie Gott." Das ist der geistige Urgrund des psychologisch schon beleuchteten Tatbestandes. Der Mensch versucht immer noch, gerade aufgrund seiner Möglichkeiten in der heutigen Zeit, zu leugnen, daß er als Geschöpf nur Ebenbild Gottes durch Geschenk ist. Durch Gnade hat er teil an Gottes Sein.

Doch er will sein eigener Herr (und Gott) aus eigener Macht und Selbstherrlichkeit sein. In diesem Fall aber, daß der Mensch – „Adam“ bedeutet im Hebräischen auch „Gleich-Sein“ – nicht nur Gott gleich, sondern aus sich selbst heraus wie Gott sein will, verdrängt er ihn aus seinem Leben: Damit erhebt sich der Mensch als Gott neben Gott. Dahin zielt also die Versuchung des Menschen: auf eine falsche Emanzipation (eine Befreiung *von* Gott), die durch unsere – von Gott grundgelegte und gewollte – Freiheit möglich ist.

Wie läßt sich die Sündenfallerzählung hinsichtlich unserer Fragestellung nach dem rechten Verhältnis zwischen den Geschlechtern positiv entschlüsseln? Dazu ein Hinweis vorweg: Denken wir an viele Ausdeutungen des Schöpfungsberichts, dann stellen wir fest, daß die Schuld am Sündenfall über lange Zeit vorwiegend als Alleinschuld Evas gesehen wurde – was ich noch heute immer wieder auch in Briefen zu lesen bekomme. Diese vermeintliche „Alleinschuld“ Evas hat lange Zeit auch in der Tradition der Kirche ein Frauenbild verfestigt, das die Frau als (sexuell) leicht verführbare Verführerin zu sehen geneigt war und sie als (potentielle) Sünderin im voraus unter Verdacht stellte. Diese voreilige Deutung konnte vor allem auch dazu dienen, die Vorherrschaft der Männer über die „schwachen“ Frauen festzuschreiben. Und in der Tat: Nach dem biblischen Bericht handelt Eva als erste. Doch welche Konsequenzen lassen sich daraus ziehen? Gewiß nicht die der eben erwähnten Tradition. Gerade die biblischen Texte haben ihre noch nie ganz ausgeschöpfte theologische und psychologische Tiefe. Es ist z.B. allgemein bekannt: Die Frau ist spontaner und handelt intuitiv schneller als der Mann. Eva nahm von den Früchten des Baumes und aß. Und „sie gab auch ihrem Mann, der bei ihr war, und auch er aß“ (Gen 3,6). Aus diesem Satz läßt sich doch keine

Alleinschuld Evas folgern. Diese These wäre geradezu widersinnig. Denn es ist von beiden die Rede. Beide aßen, und beide sündigten. Adam ist genauso schuldig geworden wie Eva. Und es ist Adam, der von Gott sogar als erster gefragt, also „in Frage gestellt" wird: „Hast du von dem Baum gegessen, von dem zu essen ich dir verboten habe?" Weil beide für sich und füreinander Verantwortung haben, werden beide von Gott zur Rechenschaft gezogen.

Wenn wir uns noch dem zwischenmenschlichen Aspekt zuwenden und aufgrund sich nahelegender psychologischer Zusammenhänge weiterüberlegen, dann stellt sich auch die Frage: Sollte Adam vielleicht die Absicht gehabt haben, schlauer zu sein? Sollte er gedacht haben: ich warte einmal ab, wie es ausgeht? Dann hatte er auf jeden Fall der Versuchung im Herzen schon zugestimmt und gedanklich dasselbe, was Eva tat, sozusagen schon hinter sich. Hätte er diese Sünde, die Trennung von und Absage an Gott ist, nicht gewollt, dann hätte er sich bemüht, in verantwortlicher Partnerschaft und Liebe Eva von ihrem Schritt zurückzuhalten. Außerdem hat nach dem zweiten Schöpfungsbericht (Gen 2,15ff.) Adam das Verbot von Gott erhalten, bevor er Eva als Lebensgefährtin erhielt[7]. Hatte er sie als verantwortlicher Partner überhaupt richtig informiert? Das sind gleichsam „aus dem Leben gegriffene" Anfragen, die uns an den bekannten Mechanismus der alltäglich erlebten oder auch an die von uns anderen unterschobenen Schuldzuweisungen erinnern. So relativiert jeder seine Schuld, obwohl beim Sündenfall auch folgendes deutlich wurde: Jeder sündigt innerlich zunächst allein. Aber keiner kann allein gut sein, weil letzter Urheber alles Guten im Menschen nur Gott sein kann (vgl. Joh 15,5; Jak 1,12–16). Sich isolieren gehört zum Wesen der Sünde, wodurch das Verhältnis und die Partnerschaft der Menschen schmerzlich gestört oder zerstört wird. Die Versuchung, mit Gott zu rivalisieren, spiegelt sich erst recht in der Beziehung zwischen den Menschen – in unserem Zusammenhang konkretisiert: zwischen den Geschlechtern – wider. Die Partner werden zu Rivalen.

Der privilegierte Mann

Die Auslegung der Erzählung vom Sündenfall wurde nicht selten ideologisiert. Es widerfuhr ihr selbst, wovor sie eigentlich warnt. Denn, wie wir gesehen haben, verweist sie auf den Ursprung von Ideologien. Unter Ideologie verstehe ich in diesem Zusammenhang eine Sammlung von Ideen und Gründen, die man als Waffen gebraucht, um bestehende, ganz gleich aus welch zweifelhaften Quellen entstandene Verhältnisse, Gesetze und Normen zu verteidigen. In einem Gespräch über die vielen Unwahrheiten und Ungerechtigkeiten, von denen Ideologien durchsetzt sind, sagte ein Theologe einmal: „Was recht und wahr ist, haben immer jene bestimmt, die die Macht hatten." Das gilt auch für den Patriarchalismus: Männer bestimmten und bestimmen zum Teil heute noch, welche Rollen Frauen spielen sollen oder nicht spielen dürfen. Wenn wir fragen, wie die Männer zu diesem Privileg ihrer Macht kamen, darüber zu entscheiden, wie die Frauen ihr Leben und Schicksal gestalten dürfen, dann hilft uns auch hier eine Analyse der Erzählung vom Sündenfall. Weil das Verhältnis von Mann und Frau das grundlegendste zwischenmenschliche Verhältnis ist, läßt sich aus dieser Geschichte der Ursprung des durch die Sünde gestörten Verhältnisses erkennen.

Wenn der Mensch sogar mit Gott rivalisiert, weil er selbst Gott und damit Herr über sein eigenes Leben sein will, dann wird er erst recht mit seinen Mitmenschen rivalisieren. Die Grenzen, an die Machtstreben stößt, resultieren meistens aus der Macht und dem Machtstreben anderer. Was verdirbt und vergiftet denn heute die meisten menschlichen Beziehungen, sei es in Ehen, zwischen Mitarbeitern und Interessengruppen, zwischen Völkern und den politischen Blöcken? „Wenn es Götter gäbe, wie hielte ich es aus, kein Gott zu sein?" bekennt Nietzsches Übermensch. Wer noch nicht einmal einen Gott über sich duldet, der will noch weniger andere, ihm überlegene oder ihn bestimmende Menschen über sich haben. Horst Eberhard Richter sieht darin die Auswirkungen des „Gotteskomplexes".

Wir erwähnten schon: Die Sünde der ersten Menschen hat man oft in eine Alleinschuld Evas umgedeutet. Für diese Schuld Evas haben sich Adam und die Männerwelt revanchiert. Wann und wie es auch immer nur ging, haben Männer die Macht und Herrschaft über Frauen für sich beansprucht. Bei der Auslegung der biblischen Sündenfallerzählung hat man, um den Anspruch begründen zu können, den Inhalt entsprechend umgedeutet. Denn was ist damit gemeint, wenn Gott zu Eva sagt: „Viel Mühsal bereite ich dir, sooft du schwanger wirst. Unter Schmerzen gebierst du Kinder. Du hast Verlangen nach deinem Mann; er aber wird über dich herrschen" (Gen 3,16)? Dies ist, liest man den Text im Zusammenhang, eindeutig eine Folge des Sündenfalls. In der ursprünglichen Schöpfung ist dies nicht gewollt. Wie sehr aber diese Sätze gegen Frauen gekehrt wurden (und wie man sie verinnerlicht hat), zeigt auch das Beispiel, daß gegen die „sanfte Geburt" anfangs von einigen auch der zweite Satz dieses Zitats angeführt wurde. Wenn aber Folge der Sünde, dann sind diese Schmerzen ursprünglich im Schöpfungsakt nicht gewollt gewesen. Dies scheint inzwischen klar zu sein. Sonst müßte jeder Kampf gegen Leid und Schmerz verboten werden.

Die gleiche Logik gilt aber auch für den Satz vom Herrschen des Mannes über die Frau. Wir sollen diesen Zustand nicht einfach hinnehmen. Wir sind sogar aufgefordert, ihn zu verändern. Das Beispiel Jesu, der als menschgewordener Gott durch seinen Tod gerade die Vergebung der Sünde verheißt, zeigt uns: Wir müssen als Menschen lernen, auf falsche Macht zu verzichten. Jesus sagte: „Ihr alle seid Brüder" (Mt 23,8). Frauen sind damit mitgemeint. Und als seine Jünger selbst Vorrang vor anderen Menschen beanspruchten, sagte er, unmißverständlich die Konsequenz im Verhalten einfordernd: „Ihr wißt, daß die Herrscher ihre Völker unterdrücken und die Mächtigen ihre Macht über die Menschen mißbrauchen. Bei euch soll es nicht so sein, sondern wer bei euch groß sein will, der soll euer Diener sein, und wer bei euch der Erste sein will, soll euer Sklave sein. Denn auch der Menschensohn ist nicht gekommen, um sich dienen zu lassen, sondern um zu dienen und sein Leben hinzugeben ..." (Mt 20, 25–28). Diese Hinweise für ein rechtes zwischenmenschliches Verhalten beschreiben auch die Norm, die in der Beziehung zwischen Männern und Frauen bestimmend sein sollte. Christus wird geglaubt als „der neue Adam". Der erste Adam hatte nach dem Sündenfall die eigentliche Berufung des Menschen auf den Kopf gestellt.

Das „Sein-wollen-wie-Gott" ist eine wesentliche Ursache für die „Selbsterschaffung" des privilegierten Mannes, die in der Konsequenz des menschlichen Zusammenlebens historisch auf Kosten der Frau erfolgte. Das Wort „privilegiert" verrät schon einiges. Es ist in der Wurzel zusammengesetzt aus den beiden lateinischen Wörtern „berauben" (privare) und „Gesetz" (lex). Indem Männer andere, hier vor allem die Frauen, ihrer gleichen Würde und Rechte beraubten bzw. ihnen diese vorenthielten, versuchten sie ihre eigene Überlegenheit zu legalisieren und sich so gleichsam theoretisch abzusichern. Damit waren die ideologischen Grundlagen für den Patriarchalismus gegeben. Je mehr wir lernen, solche Entwicklungen im Leben und geschichtlich bis zu ihren Wurzeln zu verfolgen, um so mehr werden wir entdecken, daß viele Begründungen, die selbstverständlicher Maßstab unseres Verhaltens zu sein schienen, aus Ideologien stammen, die nachträglich konstruiert wurden, um fragwürdige Verhaltensweisen, Strukturen und Gesetze zu rechtfertigen.

So entstand der „Machismo" als Ideologie von der Überlegenheit des Mannes. Nach dieser Auffassung ist er für Funktionen des öffentlichen Lebens und der Politik von vornherein geeigneter und durchsetzungsfähiger, ebenso überall, wo man den Typ des Wollens, des Mutes und der Aggressivität mit all den Eigenschaften braucht – so zieht man daraus die Schlußfolgerung –, die zur Ausübung von Herrschaft und Macht nötig sind. Aber genau dadurch wird der Mann zum Mißbrauch und zur Ausbeutung von Machtpositionen verleitet, anstatt sie als Dienste der Liebe zur Entfaltung seiner Menschlichkeit zu verstehen. Was müssen Männer unter diesem Zwang des „Machismo" alles leisten und auch leiden bis zum tödlichen Streß, weil sie diesem Mythos von Männlichkeit nicht gewachsen sind. Hier zeigt sich, wie ein zweifelhaftes Privileg der Männer nicht nur den Spielraum des Einsatzes der menschlichen Fähigkeiten der Frauen einengt, sondern die Entfaltung von Menschlichkeit in den Männern selbst unterdrückt.

Das Privileg der Machtausübung hat auch Auswirkungen auf den moralischen Bereich. Noch heute werden Frauen oft mit strengeren moralischen Maßstäben gemessen als Männer. Wir sprechen dann von einer „doppelten Moral". Allerdings läßt auch diese sich nicht durch die Offenbarung begründen. Gott stellt die gleichen, moralischen und ethischen Forderungen an Männer wie an Frauen. Jesus macht dies sehr deutlich. Als man die Ehebrecherin vor ihn schleppte, die nach dem geltenden religiösen Gesetz als Frau gesteinigt werden sollte, entlarvte er die heuchlerische Gerechtigkeit der Männer: „Wer von euch ohne Sünde ist, werfe als erster einen Stein auf sie ... Als sie seine Antwort gehört hatten, ging einer nach dem andern fort, zuerst die Ältesten" (Joh 8,7ff.).

Noch zur Zeit des heiligen Augustinus haben übrigens Männer gegen das Verlesen dieses Evangeliums protestiert. Sie meinten, damit würde die Frau indirekt zum Ehebruch ermuntert, aber sie überhörten dabei, daß sich dieser Evangeliumstext gerade gegen eine moralische Praxis richtet, in der Männer sich ganz selbstverständlich Privilegien herausnahmen. Daß auch sie sich unter den strengen moralischen Anspruch, den Jesus in der Bergpredigt äußerte, stellen müssen, haben sie stillschweigend übergangen. Dort heißt es nämlich: „Wer eine Frau auch nur lüstern ansieht, hat in seinem Herzen schon Ehebruch mit ihr begangen" (Mt 5,28). Hier wird die Menschenwürde der Frau betont: Sie ist nicht (Lust-)Objekt des Mannes. Doch entgegen solchen moralischen Anforderungen praktizierte man noch Normen einer doppelten Moral, die von Männern nicht hinterfragt wurden und von Frauen nicht laut hinterfragt werden durften. Man tat und sprach in mancherlei Hinsicht so, als sei dies alles durch ethische, theologische oder anthropologische Einsichten gerechtfertigt.

Mißbrauchte Macht und Ausbeutung

Unter dem Gesichtspunkt des Machtmißbrauchs muß das Problem des Patriarchalismus auch in Verbindung mit den Fragen der Umweltzerstörung gesehen werden, die uns heute immer mehr beängstigt und bedroht. Auch hier wird das rechte Verständnis der Schöpfungsgeschichte erhellend sein. Es wird ja heute auch argumentiert, die Ausbeutung der Natur habe ihre geschichtlichen Wurzeln im Schöpfungsauftrag: „Macht euch die Erde untertan" (Gen 1,28). Es mag sein, daß dieses Wort im Laufe besonders der neuzeitlichen Geschichte isoliert betrachtet und pervertiert wurde. Doch was bedeutet es tatsächlich? Das Verständnis des hebräischen Wortes enthält auch die Aufforderung: Unterwirf die materiellen Güter deiner geistigen Berufung, und laß dich durch deine materiellen bzw. physischen Bedürfnisse nicht zum Sklaven der Erde machen. Bewahre deine menschliche Würde und Freiheit durch Unabhängigkeit von den vergänglichen Werten, woran uns auch ein Wort aus der „Nachfolge Christi" des Thomas von Kempen erinnert: „Denn wer sich an das Vergängliche hängt, wird mit dem Vergänglichen untergehen." Ein solches Wort fordert im Hinblick auf unsere Verantwortung für uns selbst und für die Natur einen der Umwelt gerecht werdenden Umgang mit ihr. Dies hat ethische Konsequenzen. Denn eine rücksichtslose und selbstsüchtige Ausbeutung der Umwelt durch den Menschen führt zu einem wechselseitigen Prozeß. Der von seinen materiellen Interessen versklavte Mensch wird zum Ausbeuter der Natur. Der Preis ist aber der Verlust seiner Unabhängigkeit und Würde, und so beutet er letztlich sich selbst aus.

Man kann dies auch im Verhältnis der Geschlechter entdecken. Wenn Frauen durch Männer ausgebeutet werden, dann verlieren beide ihre Würde. Dies läßt sich am Beispiel der Pornographie leicht zeigen. Pornographie macht den weiblichen Körper zum Objekt. Sie stimuliert dazu, sich „verführen" zu lassen. Die Frau und ihr Körper werden ausgebeutet und entwertet, indem sie zu einem bestimmten Zweck „gebraucht" werden, um instinkthafte und niedere Triebe zu wecken. Damit zielt die sexistische Reklame ebenso wie die pornographische Darstellung des weiblichen Körpers auf die Ausbeutung des Mannes, zugunsten des materiellen Profits.

Die Ausbeutung der Natur und die Ausbeutung der Frau haben also durchaus miteinander zu tun. Denken wir an den Zusammenhang der Worte „mater" (die Mutter) und „Materie" (die Natur = die Gebärende), welche die gleiche sprachliche Wurzel haben. F. Capra erinnert uns daran durch die Feststellung: „Seit undenklichen Zeiten wird die Natur als gütige und alles ernährende Mutter angesehen, aber gleichzeitig auch als wildes und unbeherrschtes Weib... Dies erzeugte auch den Gedanken, daß sie vom Manne beherrscht werden müsse. Und gleichzeitig wurden Frauen zu passiven und dem Manne untertanen Wesen erklärt."[8]

Welche Vorstellungen haben diese Entwicklung noch gefördert? Zunächst den höheren Wert des Verstandes, der als männliche Domäne gilt (Verstand, Denkkraft heißt lateinisch „mens", worin auch die Wortwurzel männlich und menschlich steckt). Dazu kommt die Tatsache, daß unser Gottesbild als Personifizierung von Denkkraft und höchster Macht rein männlich geprägt ist. Er ist ein Gott, der die Welt mit seinen Gesetzen von oben beherrscht und regiert. Ausgerichtet an dieser Vorstellung, übten und üben Männer Herrschaft über die Natur und die Frau aus, die beide oft genug zur Befriedigung von Leidenschaften, Interessen und Vorteilen ausgebeutet werden.

Wir kennen die Nuancen der Verschiedenheit der Geschlechter. Schauend, liebend, sorgend und behütend bei den Dingen zu sein, sind mehr weibliche, erkennen, durchdringen, besitzergreifen, beherrschen und umgestalten sind mehr männliche Haltungen. Diese Vorstellung von Männlichkeit legitimiert schließlich auch Gewalt, die bis zur Vergewaltigung führen kann und immer auch geführt hat.

Capra deckt am Beispiel Francis Bacons (1561–1626), einem der Begründer neuzeitlicher Naturwissenschaft, die Gewalt-Parallele auf, die uns in der Behandlung von Frau und Natur begegnet: „Die Ausdrücke, mit denen Bacon seine neue empirische Forschungsmethode empfahl, waren nicht nur leidenschaftlich, sondern oft richtiggehend bösartig. Nach seiner Ansicht sollte man die Natur auf ihren Irrwegen mit Hunden hetzen, man sollte sie sich gefügig und zur Sklavin machen, man sollte sie ‚unter Druck setzen', und das Ziel des Naturwissenschaftlers sei, ‚die Natur auf die Folter zu spannen, bis sie ihre Geheimnisse preisgibt!' ... In der Tat erinnert seine Anschauung der Natur als weibliches Wesen, dem man seine Geheimnisse mittels mechanischer Folterwerkzeuge entreißen müsse, stark an die weitverbreitete Folterung der Frau in den Hexenprozessen des frühen 17. Jahrhunderts."[9]

So zeigt sich, daß die Unterbewertung und Unterdrükkung der Frau sowie der als mehr weiblich geltenden Eigenschaften des Menschen, daß die Ausbeutung der Natur und die Mißhandlung ihrer unser Leben tragenden Werte Hand in Hand gehen.

Auf der Minusseite dieser Entwicklung steht ein „offensichtlicher Triumph der männlichen Tendenz: das Ausgeliefertsein an die Technik, die Entmenschlichung und die Verpolitisierung, welche die edelsten Initiativen in ein ungewöhnliches Streben nach Macht umwandeln, eine maßlose Macht, die ihrerseits sofort jene verdirbt, die sie an sich reißen. Von nun an greift man im Lager der Unterdrückten diese Macht an, wodurch sich dieser unerbittliche Teufelskreis schließt."[10]

Durch die Zunahme der Machtmittel, nicht nur in der Rüstung, ist unsere Gegenwart so bedrohlich und angsterfüllt geworden, daß selbst die Politiker in Ost und West vor den darin schlummernden Konsequenzen zurückschrecken. Dem Machtmißbrauch kann man jedoch nicht dadurch entgegensteuern, daß die Unterdrückten wiederum nach der Macht greifen, um ihrerseits diese Macht auszuüben. Darin liegt keine Chance, daß der Teufelskreis unterbrochen oder die Unheilsgeschichte verändert wird. So werden nur die Rollen getauscht. Hier muß ich es nochmals wiederholen: Jene Formen der Emanzipation, die anstelle des Patriarchats nur zu einem Matriarchat führen würden, sind abzulehnen: Man kann nicht den Teufel mit dem Beelzebul austreiben, ohne die letzten Dinge schlimmer zu machen, als es die ersten schon waren (vgl. Lk 11,18.26).

Wie begann dieser Teufelskreis des Bösen?

Das Wort „böse" bedeutet ursprünglich „aufgeblasen, aufgebläht". Diese Grundhaltung ist noch keine moralische Tat, sondern die Quelle, aus der das unsittliche Handeln geboren wird. Diese ursprüngliche Bedeutung des Wortes „böse" kennzeichnet ganz eindeutig wieder den Hochmut als Ursprung des Sündenfalls. Wir, die wir heute das Wort böse meist nur noch zur Bezeichnung moralisch schlechter Handlungen verwenden, sollten seinen Ursprung im Blick behalten, weil er die Grundverfassung des Menschen im Hochmut, in seiner Selbstvergötzung und Aufgeblasenheit charakterisiert.

Das Wort „gut" bedeutet auch umgekehrt im biblischen Sinn die Seinsweise Gottes, der „die Liebe ist" (Joh 4,16). Christus läßt dieses Wort allein von ihm gelten: „Niemand ist gut außer Gott, dem Einen" (Mk 10,18). Halten wir uns aber selbst für gut, dann stehen wir in der Gefahr, das Böse und alle daraus entspringenden schlechten Handlungen auf die *anderen* zu projizieren. Der Pharisäer im Tempel, der so auf den Zöllner herunterblickt (vgl. Lk 18,9–14), ist ein Beispiel dafür. Es entsteht dabei eine eigentümliche Dialektik, die Strindberg einmal zutreffend in folgende Worte faßte: „Für je besser ich mich hielt, um so schlechter wurde ich."

Daß man die anderen für schlechter hält, führt zur Sündenbockjagd. Da wir aber nicht alles Negative in unserem Leben weglügen können, versuchen wir uns meistens zu rechtfertigen durch entsprechende Begründungen für unser Verhalten. Aus solchen Theorien entwickeln sich jene Ideologien, die ich als Waffen bezeichnete, mit denen bestehende Verhältnisse und Verhaltensweisen verteidigt werden. Aufgrund dieser permanenten Versuchung müßten wir immer wieder nicht nur die eigenen Rechtfertigungsversuche, sondern alle philosophischen, psychologischen, politischen, metaphysischen und auch theologischen Theorien überprüfen. „An ihren Früchten werdet ihr sie erkennen" (Mt 7,16). Dieses Wort Jesu ist als ideologiekritischer Maßstab für diese Überprüfung sehr hilfreich.

Ich erinnere noch einmal an den zynisch klingenden und machiavellistischen Hinweis: Wer die Macht hat, entscheidet darüber, was richtig und wahr ist. Weil die Männer auch die geistige Herrschaft an sich rissen und durch philosophische und religiös begründete Systeme bestimmten, welche Rollen Frauen spielen dürfen oder spielen sollen, wurden jene Normen und Formen des Patriarchalismus geschaffen, mit denen Frauen diskriminiert und unterdrückt wurden. Eigentlich sollte aber die Wahrheit, die Gott uns offenbarte, unser Denken beherrschen. Deshalb sollte die Offenbarung mit ihren Kriterien stets als Impuls zu einer kritischen Hinterfragung aller fragwürdigen Begründungen dienen.

Rivalität der Geschlechter

Wir haben festgestellt: Der Sündenfall hat seinen Ursprung in der Versuchung, mit Gott zu rivalisieren. Diese Versuchung ist zu einer andauernden Realität geworden. Seine Autonomie und Unabhängigkeit von Gott und anderen Menschen durchzusetzen, das bestimmt weitgehend das Verhalten und die Absicht des Menschen. Dies zeigt sich ebenso im Verhältnis zwischen den Geschlechtern. Auch Mann und Frau werden immer wieder zu Rivalen. Die Ursache: Hochmut und Kampf um Macht und Vorherrschaft. Die Geschlechterrivalität beginnt bereits bei den Kindern. Unterprivilegierte Mädchen wollen oft lieber Jungen sein. Schon da beginnt also der heute viel beklagte oder aber ideologisierte Konkurrenzkampf. Die selbstverständlichen Folgen des Drängens nach der Spitze sind Neid und Eifersucht; daraus entspringen zuletzt Haß, hinterhältiger und offener Kampf, Denunzierung, Verleumdung und Gewalt.

Um auch die getarnten und versteckten Formen der Geschlechterrivalität in den Blick zu bekommen, bedarf es noch einiger Erläuterungen zum Wesen und zu den Formen der Rivalität. René Girard hat in seinen Untersuchungen den Konflikten zwischen Menschen und ihren Ursachen nachgespürt. In der Auseinandersetzung mit der Freudschen Theorie von der „Libido" als dem eigentlichen psychischen Grundtrieb kommt er zu dem Ergebnis, daß diese Auffassung korrigiert werden muß. Für Girard liegt er im Hochmut und in der Rivalität. Er erhellt, daß Hochmut den Gotteshaß zur eigentlichen Triebfeder des menschlichen Tuns macht. Die Ablehnung Gottes ist also nach Girard eine – wenn auch die zutiefst verdrängte – wirksame Quelle unserer Haltungen und Taten.

Hat uns Jesus nicht auf diese Quelle hingewiesen, als er sagte: „Von innen, aus dem Herzen des Menschen, kommen die bösen Gedanken, Unzucht, Diebstahl, Mord, Ehebruch, Habgier, Bosheit, Hinterlist, Ausschweifung, Neid, Verleumdung, Hochmut und Unvernunft. All dieses Böse kommt von innen ..." (Mk 7,21–23) Auch die „Frommen" sind vor diesen gottwidrigen Tendenzen ihres Herzens nicht gefeit. Gibt es außerdem in ihren Herzen, wenn ihnen das Leben übel mitspielt, nicht auch den Zorn über und die Anklagen gegen Gott? Christus hat durch seine Menschwerdung diese innerste Verfassung der Menschen bloßgelegt. Jesus, die menschgewordene Liebe selbst, wurde aus Haß und Neid gewaltsam ans Kreuz geschlagen. Gewalt taucht in der Bibel als die häufigste Erscheinungsform der Sünde auf. Sie ist ihr typisches Symptom[11]. In allen Rivalitäten, bei jeder Feindschaft und in allen Kämpfen zwischen Menschen ist also immer schon einer, nämlich Gott selbst, gemeint. Durch die Projektion unserer Laster auf andere wurde gerade Jesus zum Sündenbock[12], zum Gotteslästerer gemacht. Das war die Projektion der Schuld durch die wirklich Schuldigen auf den einzigen schlechthin Unschuldigen. Demgegenüber steht aber auch das große Gebot und die Möglichkeit der Gottes- und Nächstenliebe, die in ihrer Wurzel untrennbar sind. An diese „mystische" Solidarität Jesu mit der Menschheit erinnert sein Wort: „Was ihr für einen meiner geringsten Brüder getan habt, das habt ihr mir getan" (Mt 25,40). Die Nächstenliebe hängt genauso eng mit der Selbstliebe zusammen. Aus psychologischer Sicht läßt sich sagen: „Noch nie ist ein Gebot so exakt erfüllt worden wie das Gebot ‚Liebe deinen Nächsten wie dich selbst!'; denn noch nie hat einer den Nächsten anders geliebt wie sich selbst."

Gottesliebe, Nächstenliebe und Selbstliebe sind im Menschen also untrennbar und immer identisch. Wenn jemand glaubt, Gott leidenschaftlich zu lieben, und es zeigt sich in seinem Alltag, daß er seinen Nächsten nicht liebt, dann ist auch seine Gottesliebe eine Illusion: „Wer seinen Bruder nicht liebt, den er sieht, kann Gott nicht lieben, den er nicht sieht" (Joh 4,20). Umgekehrt läßt sich sagen: der Haß unter den Menschen sowie gegenseitige Ablehnung und Verachtung sind ebenso wie der Selbsthaß und die Selbstablehnung (eine Folge unserer Minderwertigkeitsgefühle) untrügliche Kennzeichen für den darin verborgenen Gotteshaß. Wenn wir andere quälen oder auch nur als minderwertige Menschen behandeln, dann sind wir von unserem Verhalten selbst negativ mitbetroffen und geschädigt.

Sam Keen versuchte einmal zu beschreiben, welchen Eindruck ein Bewohner einer anderen Welt hätte, der plötzlich zu uns käme. Müßte er nicht annehmen, daß wir eine gegen alle Lust und Freude negativ eingestellte Gesellschaft sind, wenn er erfährt und selbst erlebt, wie Menschen sich auf unserem Planeten seit Jahrtausenden quälen, bekämpfen und töten? Er müßte sich fragen: Betrachtet man hier etwa die Quälerei als Quelle von Lust und Glück? Oder sind die Erdbewohner schizophren und wissen überhaupt nicht, was sie tun?[13]

Wir tun tatsächlich das nicht, was für uns wirklich gut wäre und was der Nächste auch als gut für sich erlebt. Diese psychologischen Einsichten sollten uns helfen, auch die spezifischen Nuancen der Beziehung zwischen den Geschlechtern zu diagnostizieren bzw. zu analysieren. Wir können dann noch hinter den höflichsten Masken entdekken, wie gerade in diesem Bereich ein oft tagtäglicher Kampf geführt wird.

Von Gesellschaften, für die Feindbilder und deshalb Aggression und Kampf selbstverständliche Tatsachen sind, stellt Sam Keen folgendes fest: „Je mehr die Identität des Mannes im Kriegerideal verwurzelt ist, desto mehr wird eine Gesellschaft die Frauen abwerten und die Beziehung zwischen den Geschlechtern als eine Form der ‚Kriegsführung' darstellen."[14] Daß dieses Verhalten nicht nur für Gesellschaften gilt, die Männer grundsätzlich zum Krieg erziehen, zeigt folgendes Beispiel aus der „friedlichen" Schweiz. Hier verloren Schweizer Frauen, auch in dritter Instanz, einen Prozeß. Das Oberste Landesgericht entschied, daß Schweizer Soldaten, die ein lebensgroßes „Playboy"-Poster für ihre Schießübungen benutzten, nicht die Würde der Frau verletzen. So berichtete eine Zeitung darüber: „Das Gericht führte aus, ein Modell, das nackt für den ‚Playboy' posiert, kann nicht als repräsentativ für alle Frauen angesehen werden. Weiterhin entschied das Gericht, die Schweizer Gesellschaft für Frauenrechte verfüge nicht über die gesetzliche Rechtfertigung, die Sache vor Gericht zu bringen, weil nicht bewiesen sei, daß sie für alle Schweizer Frauen spreche."[15] Solche Reaktionen, bei denen man sich aus einer peinlichen Situation mit formalen Gründen herauswindet, sind keine Seltenheit.

Dennoch beweisen gerade alle Konflikte, daß der Mensch seinem Wesen nach auf Gemeinschaft angelegt ist. Er kann nicht leben ohne die oder den anderen. Die Beziehung zwischen Männern und Frauen gehört elementar dazu. In solchen zwischenmenschlichen Beziehungen entstehen allerdings auch die meisten Konflikte und Zerwürfnisse. Wie oft meint man, nicht mehr mit anderen leben zu können? Was ist das für ein seltsamer Zwiespalt? Worin sind die vorher nicht vermuteten Konflikte begründet? Wenn ich mich innerlich leer fühle, und das heißt, wenn ich in meinem Sein nicht an der Fülle Gottes teilhabe, versuche ich um so intensiver, die bestehende Leere mit anderen, vergänglichen Gütern und Werten auszufüllen: „Alle Sünden sind der Versuch, eine Leere auszufüllen" (Simone Weil). Michael Sora nennt diese Kompensation die „Flucht ins Haben"[16]. Sam Keen spricht vom „Besitz als erotischer Ersatzbefriedigung"[17].

Die Teilhabe am Sein Gottes ist jedoch das Geschenk seiner Selbstmitteilung und damit Gnade. In den Besitz aller anderen Güter gelangen wir aber (von der Erbschaft abgesehen) durch unsere eigenen Anstrengungen, durch Macht und schließlich auch durch Gewaltanwendung. In diesem Fall wird die Maske brutaler Begierde fallen gelassen. Doch gibt es auch subtilere Formen von Gewalt oder „Vergewaltigung" in den Beziehungen von Männern und Frauen: Abhängigkeit, Schmeichelei, Verführung, Erpressung oder ähnliches. Darum bleibt der Sündenfall mit seinen Folgen im Alltag immer präsent.

Wo die Masken und die Tarnung fehlen, ist die Einsicht in das Böse unseres Handelns leichter. Deshalb gehen „die Dirnen und Zöllner leichter ins Himmelreich" ein. Ihnen ist die Einsicht in ihr offensichtlich schlechtes Handeln und die daraus folgende notwendige Bekehrung leichter gemacht. Wie sieht es aber mit den subtilen Rivalitäten in unserem eigenen Leben aus? Durchschauen wir die Motive unseres Handelns immer? Mißbrauchen wir nicht oft eigene Gaben und Fähigkeiten oder diejenigen anderer, um unseren Ehrgeiz zu befriedigen, um in der Konkurrenz zu gewinnen? Das Böse kann uns um so leichter täuschen, je besser es sich tarnt. So wird auch gerade die Schönheit, die eigentlich eine Verheißung des Guten sein müßte, oft mißbraucht und damit zum Element der Verführung. Deshalb werden Frauen (als „schönes Geschlecht") auch zu Werkzeugen der Verführung gemacht. Auf die Ambivalenz der Schönheit, die Frauen in besonderem Maße betrifft, hat Dostojewski eindrücklich hingewiesen: „Die Schönheit ist eine schreckliche und furchtbare Sache! ... Schrecklich ist es, daß die Schönheit nicht nur etwas Furchtbares, sondern auch etwas Geheimnisvolles ist. Hier kämpft der Teufel mit Gott, und das Schlachtfeld – ist des Menschen Herz."[18]

Erinnert sei nochmals an den Mißbrauch des weiblichen Körpers in der Werbung, an diese diskriminierende Verdinglichung der Frau, die dabei nicht mehr als menschliche Person angesehen, sondern nur als Objekt der Begierde fungiert.

Zwischenmenschliche Beziehungen werden auf diese Weise entwertet. Das Personsein anderer Menschen wird negiert. Daraus resultiert die gegenseitige Verachtung der Geschlechter und ihr permanenter Konflikt. Es gilt also zu lernen, die getarnten, subtilen Wurzeln und Formen der Konflikte zwischen den Geschlechtern, die Methoden gegenseitiger Ausbeutung bloßzulegen.

Woran scheitert die Partnerschaft?

Gelingende Partnerschaft ist an Voraussetzungen gebunden. Wo auch immer bewußte oder unbewußte, offene oder getarnte Rivalität die Beziehungen der Geschlechter beeinflußt und bestimmt, kann sich keine Partnerschaft unter gleichrangigen Personen entfalten. Abwertende oder diskriminierende Theorien über das andere Geschlecht, seien sie nun weltanschaulich bemäntelt oder psychologisch scheinbar begründet, haben Strukturen oder Machtverhältnisse einseitiger Abhängigkeit, Unterdrückung und Bevormundung zur Folge. Sie werden jeden Versuch einer Partnerschaft erschweren bzw. zum Scheitern verurteilen. Unter solchen Voraussetzungen sehen die Beziehungen in der Regel immer ähnlich aus: Männer können geben und sich nehmen, was sie wollen; Frauen müssen geben und sich mit dem abfinden, was sie bekommen, oder aber abwarten, ob sie überhaupt etwas bekommen. Ihre Ansprüche als Männer haben diese in ihrer Funktion als Gesetzgeber meist selbst abgesichert. Daraus ergab sich umgekehrt eine gleichsam automatische Ableitung von Pflichten für die Frauen.

Es würde in diesem Zusammenhang zu weit führen, anhand von Rechtsbestimmungen der Vergangenheit (man denke nur an die früheren Ehegesetze) diese Rechtsungleichheit zwischen den Geschlechtern nachzuweisen. Heute ist – zumindest in den meisten industrialisierten Ländern – die gesetzliche Diskriminierung von Frauen weitgehend abgeschafft. Nachdem die Gleichberechtigung im Grundgesetz der Bundesrepublik Deutschland grundsätzlich beschlossen war, wurde von einer Kommission des Bundestages eine jahrelange Enquete durchgeführt, auf deren Grundlage neue Gesetzesvorschläge eingebracht wurden. Auch vor der Erarbeitung des neuen kirchlichen Gesetzbuches haben die Bischofskonferenzen verschiedener Länder an die zuständige römische Kommission ihre Anträge für notwendige Änderungen von Bestimmungen eingereicht, mit denen Frauen diskriminiert wurden. Alle politischen Parteien haben schließlich heute Vorschläge für Gesetzesänderungen in ihren Programmen, die alle Diskriminierungen und Benachteiligungen von Frauen zugunsten einer generellen Gleichberechtigung beseitigen sollen. Allerdings findet man auch immer wieder Abschnitte, die nicht nur von der wahren Gleichheit im Mensch- und Personsein, sondern von einer die Geschlechterunterschiede ganz einebnenden Gleichheit ausgehen. Das kann freilich keiner echten Partnerschaft zugute kommen. Denn Partnerschaft beinhaltet immer auch Verschiedenheit.

Gerade bei der Frage nach der näheren Bestimmung der Gleichheit und der spezifischen Verschiedenheit von Männern und Frauen kann man zugunsten gleicher Rechte an eine bekannte Regel erinnern: Will man Menschen wirklich gleichberechtigt behandeln, damit jeder in gleicher

Weise zu seinem Recht kommt, dann muß Ungleiches auch ungleich behandelt werden. Die Tatsache des Menschseins genügt nicht, um für alle Wesen dieser Gattung einfach die gleichen Gesetze zu machen. Das hieße vergessen, daß es auch Kinder, Kranke, Alte oder behinderte Menschen gibt. In der Arbeits- und Sozialgesetzgebung werden Männer und Frauen an einigen Stellen mit gutem Recht ungleich behandelt: z.B. beim Schwangerschaftsurlaub, beim Mutterschutz, bei den Einschränkungen der Nachtarbeit von Frauen etc. Die Ausgangsbasis für Gleichheitsüberlegungen muß deshalb die Gleichwertigkeit und Gleichrangigkeit bei Anerkennung der Verschiedenheit sein. Nur dann kann sich jeder mit seinen Möglichkeiten in einer Partnerschaft ganz einbringen, ohne frustriert oder überfordert zu sein.

Eine der Grundvoraussetzungen für gelingende Partnerschaft besteht auch darin, daß jeder seine Möglichkeiten kennt. Um seinen eigenen Beitrag verantwortlich leisten zu können, ist es notwendig, eine gewisse Sicherheit zu besitzen, die letztlich nur in dem Bewußtsein der Menschenwürde wurzeln kann. Geschichtlich wurde gerade dies den Frauen besonders schwer gemacht. Daraus kann, in der Konsequenz, ein Bewußtsein resultieren, das Kierkegaard wie folgt beschreibt: „Das Unglück der Frau ist es, in einem Augenblick alles darzustellen und im nächsten nichts – ohne jemals zu wissen, was sie nun eigentlich als Frau selbst bedeutet."

Ich glaube, diese so beschämende Situation ist vor allem durch die Abwendung von Gott entstanden. Von uns allen wäre ja die Hingabe an Gott gefordert. Auch und gerade Frauen müssen sich immer zwischen den beiden Haltungen – Hingabe oder Preisgabe – entscheiden. Weil aber Gottes- und Nächstenliebe nicht zu trennen sind, deshalb führt auch nur die richtig gelebte Partnerschaft mit Gott zu einer fruchtbaren Partnerschaft zwischen den Menschen und zwischen den Geschlechtern.

Im Dienst für und in der Hingabe an Gott wird die Frau – als Partnerin und Vermittlerin seiner Liebe – für ihre Mitmenschen bzw. ihren männlichen Partner jene „Hilfe, die ihm entspricht" (Gen 2,18). Sie wird zur Hilfe an Gottes Statt bei der Vermittlung und Entfaltung unseres leiblichen, sittlichen und göttlichen Lebens. Durch die Verweigerung ihrer Hingabe an Gott beraubt sie sich und uns seiner Liebe. Sie verliert dadurch ihrerseits die Fähigkeit zu einer bereichernden und beschenkenden Partnerschaft. So büßt sie jene geistige Macht der Anziehung ein, die Dante in der Gestalt der Beatrice verewigte. In dieser Dichtung wird symbolisch deutlich, zu welchen höchsten Aufgaben Frauen berufen sind. Beatrice führt Dante bis zum Thron Gottes.

Doch auch die positive Anziehungskraft der Frau, durch die Beatrice Dante führt, kann pervertiert werden. Auch dies wird in der Bildersprache der Sündenfallgeschichte symbolisch zum Ausdruck gebracht: „Sie erkannten, daß sie nackt waren" (Gen 3,7). Heißt das nicht, daß diese Erkenntnis auf ein gott-entleertes, ohne den Charme der Gnade „nackt" gewordenes Herz hinweist? „Nacktheit" wird so zum Negativsymbol einer zur Begierde pervertierten Liebe. Jene Anziehungskraft, durch die der Partner gerade geführt oder gehalten werden könnte, wird zum Mittel der Verführung. Die aufgegebene Partnerschaft, dem anderen Hilfe an Gottes Statt zu sein, ist gescheitert.

Es gibt nur ein einziges Heilmittel: die Rückkehr zu einer Partnerschaft als gegenseitige Hilfe an Gottes Statt. „Ein Austausch, ein Dialog, eine echte Zusammenarbeit zwischen Männern und Frauen auf allen Stufen (kann) eine tiefgreifende Änderung bringen... Man darf nicht Macht mit Führung verwechseln. Es ist gerade der Mann, der dazu neigt, sie zu verwechseln, weil er stets durch die Macht fasziniert wird und die Macht im Auge hat... Die echte Führung würde eher darin bestehen, daß man über die Ziele der Zivilisation, ihre Institutionen und ihre Unternehmen nachdächte. Das könnte weitgehende Folgen haben, wenn Männer und Frauen anfangen würden, es gemeinsam zu tun."[19]

Kurz zusammengefaßt: Alle menschlichen, wenn auch jeweils weiblich oder männlich geprägten Fähigkeiten von Männern und Frauen werden in der von Liebe bestimmten gegenseitigen Abhängigkeit zu gegenseitigen Geschenken der Partner. In einem Klima der Rivalität werden solche von Gott uns zum Weiterschenken im Dienst der Liebe anvertrauten Fähigkeiten durch den Egoismus zu Mitteln, mit denen man andere abhängig machen, beherrschen oder ausbeuten kann. Dies zu erleiden, ist zweifellos weithin bis heute das Schicksal der im Patriarchalismus unterdrückten und diskriminierten Frauen gewesen.

Die Verachtung der Frau

Die gescheiterte Partnerschaft, das gegenseitige Mißtrauen, der getarnte Kampf als Folge der versteckten Rivalität zwischen Männern und Frauen sind auch Quellen fortgesetzter Ängste vor dem jeweils anderen Geschlecht. Diese Angst scheint als „Angst vor der Frau" bedeutend tiefer im Manne zu sitzen. Angst ist oft auch ein unreflektierter Ausdruck des Wissens um die eigene Minderwertigkeit und die Gefahr des Versagens. Im bekannten Vorgang der psychischen Projektion werden die eigenen verdrängten Schwächen und Fehler auf die anderen übertragen. Das ist eine wesentliche Ursache für die Abwertung und Diskriminierung der Frauen durch die Männer. Teresa von Ávila und die kleine Therese sind für diese Verachtung der Frauen sehr hellsichtig gewesen. Teresa von Ávila hat sie selbst zu spüren bekommen. Beide haben ihre Klage darüber deutlich ausgesprochen. Auch heute noch müssen Frauen die Erfahrung machen, offen oder insgeheim verachtet zu werden. Wie subtil dies geschehen kann, zeigt folgendes Beispiel, das Paul Tournier aufgrund eigener Erfahrung beschreibt.

Tournier versuchte, sein Leben mit seiner Frau partnerschaftlich zu gestalten. Er mußte jedoch bekennen, daß sie und andere Frauen ihn noch in seinem 60. Lebensjahr überführten, im tiefsten Winkel seines Herzens die Verachtung der Frau noch nicht überwunden zu haben. Er schreibt in seinem Buch „Rückkehr zum Weiblichen": „Während ich in all meiner bewußten Aufrichtigkeit versuche, dieses Buch zu schreiben, hege ich in den verborgenen Tiefen meiner Seele eine unbewußte Verachtung für die Frau. Und den ganzen Eifer, den ich darauf verwende, um die grundsätzliche Gleichheit zwischen Mann und Frau zu betonen, kann ich für eine unbewußte Kompensation, für eine unbewußte Verachtung halten."[20] Als ein Psychoanalytiker ihm sagte, daß er im Unbewußten Angst vor Frauen habe, protestierte er zunächst. Ein Vorfall in der Familie verhalf ihm dann aber zur Einsicht ins eigene Herz. Die Frau seines Sohnes war als Künstlerin bei einer Ausstellung der „Gesellschaft der Malerinnen" beteiligt, und er ließ sich vorher über die Zeitdauer der Ausstellung informieren, vergaß dann aber dennoch hinzugehen. Die Schwiegertochter sagte ihm, sehr freundlich, mit einem ironischen Lächeln, aber treffend: „Wenn es dein Sohn gewesen wäre, der ausgestellt hätte, hättest du sicher das Datum nicht vergessen."[21] Und als er einmal mit seiner Frau über ihre gegenseitige Beziehung nachdachte, weil sie irgendein Unbehagen fühlten, schrieb seine Frau auf einen Zettel:

„Weißt Du, Du bist mein Arzt, mein Psychologe, mein Professor, sogar mein Pfarrer, aber Du bist nicht mein Mann." Also war dies keine Partnerschaft, sondern in einem gewissen Sinn ein hierarchisches „Oben – Unten"-Verhältnis. Konnte eine Frau sich da als Partnerin angenommen und auch wirklich ernst genommen fühlen? Frauen spüren solche verborgene Verachtung instinktiv. Aber wird sie ihnen nicht oft genug unverhüllt gesagt und deutlich gezeigt? Manchmal beginnt sie auch bei uns noch mit der Enttäuschung der Eltern bei der Geburt: Es ist *nur* ein Mädchen! Das Mädchen wird einer solchen Einstellung in der Erziehung und in der Gesellschaft noch weiter begegnen. Eine solche Haltung hat Tradition. Es gibt viele Spuren davon, in Gesellschaft und Kirche. Zeugnisse dafür besitzen wir aus Ost und West, aus Vergangenheit und Gegenwart, bis in unsere Tage.[22]

In der „christlichen Ethik" eines angesehenen und einflußreichen evangelischen Theologen aus der Mitte des vorigen Jahrhunderts war zu lesen: „Die Erschaffung des Weibes ist eine so furchtbare Katastrophe, daß sie nur übertroffen wird von dem Tod selbst, dessen Vorstufe sie ist."[23] Dies ist sicher eine der schärfsten Stimmen, aber dieser Theologe vertrat keine Außenseiterposition. Einige Kirchenväter haben also bis ins 19. Jahrhundert – zumindest in dieser Hinsicht – Anhänger behalten.

Freilich muß hier gleich darauf hingewiesen werden, daß allen negativen Aussagen über die Frau in der Geschichte auch Zeugnisse tiefster Verehrung und größter Hochschätzung gegenübergestellt werden können. Die negativen Aussagen überwiegen freilich. Nachdem es gerade im Bereich der abwertenden und die Frauen verachtenden Urteile keine Begründungen mit schlüssiger theologischer oder anthropologischer Beweisführung gibt, ist es naheliegend, die Ursachen für diesen ideologischen Tummelplatz von unbegründeten Meinungen und Vorurteilen auf der emotionalen Ebene zu suchen. So höre ich noch heute die alten, emotional bedingten Einwände gegen die Gleichberechtigung der Frau: Eva habe doch den Adam verführt, und nach der Bibel müsse die Frau dem Mann gehorchen. Oder man benutzt das Ventil des Witzes, um Frauen (männliche) Verachtung zu zeigen: „Witze (Zeichen unbewältigter Konflikte) oder Aphorismen mit gutmütigem Spott oder beißendem Sarkasmus gegenüber Frauen zeigen deutlich, woher der Wind weht und was man immer hören will" (Buytendijk)[24]. Spotten, verdächtigen und übertreiben gilt als geistvoll. Es ist aber in der Regel nicht der Geist, sondern angstbesetzte dumpfe Emotion, die sich hier ausdrückt.

Die Aussagen von Kirchenvätern, in denen Frauen diskriminiert werden, gehen auf die Einstellung der Antike gegenüber der Frau zurück. So sagt z.B. Plato, der den Göttern dankte, daß er nicht als Sklave und nicht als Frau geschaffen war, im „Timaios": „Von denen, die als Männer geboren werden, verwandeln sich diejenigen, die feige waren und ihr Leben in Ungerechtigkeit verbrachten, aller Wahrscheinlichkeit nach bei ihrer zweiten Geburt in Frauen."[25] Und schon von Homer ging die Behauptung aus: „Kein scheußlicherer teuflischer Geist als eine Frau, deren Herz zum Bösen neigt."[26] Es käme der Wirklichkeit viel näher, wenn er statt „Frau" das Wort „Mensch" gebraucht hätte.

Aus der Feder des Kirchenlehrers Tertullian stammen die an Frauen gerichteten Sätze: „Jede von euch soll in Bußkleidern einhergehen und mit vernachlässigtem Äußeren ... noch lebt Gottes Urteil über euer Geschlecht in dieser Zeit fort; so lebt auch eure Schuld fort. Ihr seid die Tür, die zum Teufel Zugang gab ... Ihr seid es auch, die den überredet haben, den der Teufel nicht anzugreifen vermochte ...

Zufolge eurer Schuld mußte der Sohn Gottes sterben."[27] Solche Stimmen gibt es in der christlichen Tradition, und sie sind in ihr wirksam geworden. Doch die Verachtung der Frauen ist nicht nur in unserer westlichen, christlichen Kultur zu finden.

Hören wir z.B., welche Vorurteile gegenüber der Stellung der Frau in China unter dem Einfluß des Konfuzianismus verbreitet wurden. In der konfuzianisch bestimmten Pflichtenlehre aus dem 16. und 17. Jahrhundert, dem von Männern verfaßten „Onna-Daigaku", den damals die Mädchen auswendig lernen mußten, lesen wir: „Die fünf schwersten Unzulänglichkeiten des weiblichen Geistes sind: Unbelehrbarkeit, Unzufriedenheit, üble Nachrede, Eifersucht und Torheit. Ohne Zweifel sind von zehn Frauen sieben bis acht mit diesen fünf Übeln behaftet, und daraus entspringt ihre Unterlegenheit dem Manne gegenüber."[28] Diese Feststellung wurde mit folgender Begründung untermauert: „Das schlimmste von all diesen Übeln und ihre eigentliche Quelle ist die Dummheit. Die Natur der Frau ist passiv, und diese Passivität, der Nacht verwandt, ist dunkel."[29] Hier klingt eine gefährliche, zu Lasten der Frau gehende Umdeutung der Polarität der Geschlechter an. Darauf wird später noch einzugehen sein: Das Passive wird mit dem Dunkeln und das Dunkle wird mit der Dummheit in Verbindung gebracht. „Die Torheit der Frau macht sie im Gegensatz zum Manne unfähig, die offensichtlichsten Pflichten zu begreifen, tadelnswerte Handlungen zu durchschauen und selbst Dinge zu sehen, die Katastrophen für Mann und Kinder zur Folge haben... Ihre angeborene Dummheit ist so groß, daß sie sich in keinem Fall auf eigene Initiativen verlassen darf, sondern ihrem Gatten gehorchen muß."[30] Genau diese letzte Behauptung wollte man durch die vorausgehenden Aussagen schließlich begründen. Diese Vorstellungen einer angeblichen geistigen Minderwertigkeit der Frau, aus der solche Schlußfolgerungen gezogen wurden, gehören jedoch weder nur einer vergangenen Epoche oder bloß einer anderen Kultur an.

In seinen „Psychologischen Bemerkungen" zum Thema Frauen behauptet der deutsche Philosoph Arthur Schopenhauer immerhin noch im vorigen Jahrhundert: „Schon der Anblick der weiblichen Gestalt lehrt, daß das Weib weder zu großen geistigen und körperlichen Arbeiten bestimmt ist ... Zu Pflegerinnen und Erzieherinnen unserer ersten Kindheit eignen sich die Weiber gerade dadurch, daß sie selbst kindisch, läppisch und kurzsichtig, mit einem Wort, zeitlebens große Kinder sind, eine Art Mittelstufe zwischen dem Kind und dem Manne, als welcher der eigentliche Mensch ist."[31]

Dazu noch einige Kostproben der deutschen Männerideologie, zu deren Repräsentanten Kaiser Wilhelm II., Nietzsche und Adolf Hitler gehören. Manche ihrer Ideen finden auch heute noch ihre Verfechter. Von Kaiser Wilhelm stammt die Formel von den „drei K's": Küche, Kirche, Kinder. Dies sei der eigentliche Lebensbereich der Frau. Die gebildete Frau, die Egon Friedell eine „gräßliche Literatursufragette" nannte, war für Nietzsche „die Schreibkuh". Wieviel Verachtung spricht schon aus diesen Worten! In Hitlers Tagebuch lesen wir: „Ein Frauenzimmer, das sich in politische Sachen einmischt, ist mir ein Greuel." Dem General Napoleon Bonaparte, der Ähnliches gesagt hatte, wurde allerdings von Madame de Staël noch schlagfertig geantwortet: „General! Die Republik schlägt heute auch den Frauen den Kopf ab; es ist also nicht mehr als recht, wenn die Frauen zumindest fragen, warum das geschieht."[32] Ein Kommentar ist wohl überflüssig zu der Aufforderung Nietzsches in seinem „Zarathustra": „Du gehst zu Frauen? Vergiß die Peitsche nicht!"[33]

Diese geschichtlichen Schlaglichter aus dem Meinungsspektrum, in dem sich die Verachtung der Frau spiegelt, dürften hier als Beispiele genügen. Von einer Begründung der aufgestellten ideologischen Behauptungen aus irgendwie gesicherten Erkenntnissen kann keine Rede sein: „Die moderne Psychologie hat deutlich gezeigt", daran erinnert uns Paul Tournier, „daß der Mann sich nicht von der objektiven Vernunft leiten läßt"[34], so sehr man dies auch behauptet. Wir haben es hier wieder mit einer perfektionierten Form der Verdrängung zu tun, die das eigene Negative auf den anderen projiziert. Aus der Verachtung der Frau läßt sich auf die ihn unbewußt quälende Selbstverachtung des Mannes schließen. Denn wie oft erfährt sich der Mann von seinen Begierden und dadurch letztlich von der Frau abhängig. Er kann solche Abhängigkeit aber nur schwer ertragen und fühlt sich ihr gegenüber gedemütigt. Seine Freiheit und Unabhängigkeit versucht er durch Verachtung zu dokumentieren. So kann er sich wenigstens „selbst noch achten als Verächter" (Nietzsche). Wer mag da noch bezweifeln, daß diese hier geschilderten Erscheinungen – alle Ursachen der Konflikte zwischen den Geschlechtern, alle Vorurteile oder Verurteilungen – zu den Symptomen des Patriarchalismus gehören?

„Männlich" gegen „weiblich"

Eine Gleichsetzung von Mann und Mensch ohne jede Begründung vorzunehmen, wie Schopenhauer das in seinem oben erwähnten Zitat getan hat, empfindet man heute nicht nur als naiv, sondern geradezu als peinlich – von der darin enthaltenen Arroganz einmal abgesehen. Nach einem solchen Urteil, das der Frau ein volles Menschsein abspricht, bleibt ihr höchstens ein verkürztes, verfehltes, ein minderwertiges Menschsein. Die Frau als „verfehlter Mann" – auch diese Auffassung wurde von markanten Geistesgrößen unserer Tradition vertreten, z.B. in der Übernahme aristotelischer Gedanken durch Thomas von Aquin.

Wenn wir die Entwicklung und die Hintergründe der bisherigen Sichtweisen von Mann und Frau, beginnend bei den archaischen über die magischen, mythischen Vorstellungen bis zu den mentalen Strukturen der Gegenwart, erhellen wollen, müssen wir etwas weiter ausholen und die Frage der Polarität von „männlich" und „weiblich" in einem größeren Horizont beleuchten[35].

Es läßt sich eine eigentümliche Wechselbeziehung zwischen der Unterbewertung und Verachtung der Frau und einer verhängnisvollen Fehldeutung der in der ganzen Schöpfung angelegten polaren Strukturen feststellen. In einem ganzheitlichen Denken werden polare Gegensätze als sich ergänzende, aufeinander angewiesene und zu einer Synthese strebende Strukturen gesehen. Durch patriarchalische Denkstrukturen wurden in Ost und West diese polaren Gegensatzpaare in wertvolle und minderwertige, in gute und schlechte Seinsweisen oder Haltungen umgedeutet. Verfolgen wir jetzt ein wenig diesen Prozeß.

Nach dem aus der chinesischen Tradition kommenden Denken vollziehen sich alle Prozesse des Universums durch die „archetypischen" Pole von Yin als aufnehmender, erhaltender und kooperativer Aktivität, und Yang, der dazu komplementären, zielorientierten, aggressiven und expandierenden Aktivität. Eine Zusammenfassung dieser Polarität in dem Gegensatzpaar „passiv-aktiv" wäre nicht nur verkürzt. Es wird sogar falsch, wollte man unter ‚passiv' hier einfach ‚keinerlei Aktivität' verstehen. Diese Einsicht ist auch Bestandteil der christlichen Tradition. Passives Verhalten, zu dem auch die Passion gehört, wird hier verstanden als die in Abhängigkeit von Gott gelebte Aktivität, vollzogen in der Einheit mit seinem Liebeswillen. „Mir geschehe nach deinem Wort", heißt diese Aktivität der sich Gottes Wort ganz überlassenden Jungfrau Maria. „Meine Speise ist, den Willen dessen zu tun, der mich gesandt hat" (Joh 4,34), so formulierte Jesus die polare Einheit von ‚passiv-aktiv' in seinem Tun.

Weitere Beispiele von Yin/Yang-Gegensatzpaaren sind: weiblich und männlich, bewahrend und gestaltend, empfangend und zugreifend (aggressiv), intuitiv und rational, Materie und Geist, Leib und Seele, Natur und Kultur, Gefühl und Verstand.

Eine andere Reihe wäre z.B.: oben und unten, rechts und links, hoch und tief, hell und dunkel. Gerade bei den polaren Strukturen des räumlichen und physikalischen Bereichs hören wir schnell eine ethische Bewertung mit. Obwohl diese polaren Strukturen wertneutral sind, dienen sie sprachlich als Symbole sittlicher Beurteilung menschlicher Handlungen. Erst wenn sie so – symbolisch und metaphorisch – benützt werden, können diese Begriffe selbst eine ethisch negative oder positive „Besetzung" erhalten. Denken wir z.B. nur an Redewendungen wie: jemand sei „tief" gefallen, einer habe sich wieder nach „oben" gearbeitet usw.

Was geschieht aber, wenn alle auf der Yin-Seite der Polarität liegenden Begriffe als grundsätzlich negativ beurteilt werden? Minderwertig werden dann die Frauen und damit alles, was als weiblich gilt: z.B. die Natur, der Leib, die Materie, das heißt fast alles Materielle und Sinnliche. Ist nicht im Wort „Materie" auch das Wort „mater" (die Mutter) enthalten? Und gehört der Mutterschoß nicht zum Bereich dessen, was „dunkel" ist? Seit wann aber ist nur der Tag und nicht mehr ebenso die Nacht im Sinne der ganzheitlichen Struktur positiv zu bewerten? Wann begann die

Verwechslung, daß man aus den sich ergänzenden polaren Gegensätzen Widersprüche konstruierte? Die polaren Gegensatzpaare Mann und Frau, Geist und Materie, Seele und Leib, aktiv und passiv wurden plötzlich als negativ und positiv gewertet. Alles auf der „weiblichen" Seite erhielt negative Qualifikationen und wurde diskriminierend abgewertet.

Eine Folge solcher Deutungen war z.B., daß man den Verstand und die Denkkraft als Licht der Erkenntnis nur positiv bewertet hat. Man übersah dabei, daß gerade in unserem Denken die Quelle unserer schlechten Absichten und der daraus entspringenden Taten liegt. Wieso kann man dann den Verstand als eine rein positive Wirklichkeit im Gegensatz zum eher minderwertigen Gefühl betrachten? Ist nicht gerade Luzifer (= Lichtträger), der gefallene Geist, der Gipfel des Bösen geworden?

Verstand heißt lateinisch „mens". Darin ist die Wurzel der Worte – Mann, männlich, Mensch – enthalten. Hier begegnet uns eine Identität von Mannsein und Menschsein, die Schopenhauer so selbstverständlich voraussetzt, wie wir oben hörten. Diese Vorstellung hat eine lange Tradition, die auch in anderen Sprachen nachgewiesen werden kann. Hier begegnet uns also eine dualistische, manichäische Unterscheidung von männlichem und weiblichem Menschsein, die den Männern zur Rechtfertigung eigener Schuld bzw. ihrer Projektion auf das andere Geschlecht diente.

Wir fanden den psychologischen Vorgang der Abwälzung von Schuld schon in der Geschichte vom Sündenfall anschaulich illustriert. Adam, den Gott als ersten zur Rede stellt, verteidigt sich sofort mit der Anklage, „die Frau, die du mir gegeben hast..." Und Eva rechtfertigt sich: „Die Schlange..." (die letztlich doch auch von Gott erschaffen wurde).

Wie reagiert gewöhnlich der hochmütige Geist, wenn er die durch seine Schuld verursachten Demütigungen nicht verkraftet? Er stöhnt allzugerne über den im Grunde unschuldigen Leib. Romano Guardini sagte schon, daß dieser Manichäismus (die Lehre vom „schlechten" Leib und „guten" Geist) eine der großen Gefahren im Denken auch der Christen bleiben wird. Wie hat sich dies gerade in den Vorurteilen gegenüber den Frauen erwiesen!

Der Mensch, der als Ebenbild Gottes das Privileg von Erkenntnis und Freiheit besitzt, kann nur mit seinem Geist aus Hochmut und damit ohne Gott und gegen seinen Willen handeln. Diese Haltung ist Perversion des Menschen als Ebenbild Gottes. Von ihr gilt ja: „Wer sich selbst erhöht, wird erniedrigt werden" (Lk 18,14). Der gedemütigte Stolz geht dann auf Sündenbockjagd. Dieses alltägliche Spiel, das einen Großteil aller Unterhaltungen bestimmt, ist jedem zur Genüge bekannt. Ihr fiel und fällt auch die Frau immer wieder zum Opfer. „Cherchez la femme!" („Sucht nach der Frau!") sagt eine bekannte französische Redewendung, wenn man nach den verborgenen Ursachen eines Übels sucht. In solchen „Verlagerungen" wird die eigene Verantwortung geleugnet. Und doch ist jeder Mensch für sich selbst verantwortlich. Darum hat Gott auch den Versuch Adams und Evas, sich in der Abwälzung von Schuld zu rechtfertigen, nicht akzeptiert.

Auch hier stellen wir wieder eine Wechselwirkung fest. Der Mensch, der aus Hochmut Schuld abwälzt, handelt böse. Natürlich behandelt er durch diese Projektion auch die eigene Hälfte seiner polaren Struktur (Leib, Sexualität usw.) als minderwertig, während er mit dem positiv bewerteten Licht seines Verstandes schlecht handelt. Die Projektion beweist nur das Vorhandensein des Bösen in jenem Bereich der Polarität, der den anderen verantwortlich machen möchte. Böse ist jedoch nichts in dieser Welt als das böse

Herz, das ohne Liebe handelt. Das hat Paulus im Hohenlied der Liebe eindringlich dargestellt (1 Kor 13).

Der Durchbruch der rein mentalen Strukturen verstärkte die Vorherrschaft des Mannes. Durch die Macht des Verstandes, des an- und begreifenden, zupackenden, Wissenschaft betreibenden männlich orientierten Denkens wurde der Patriarchalismus in dem von Judentum, Griechentum und Rom geprägten Kulturkreis zur beherrschenden Struktur in den Beziehungen zwischen Männern und Frauen, Mensch und Natur, und auch zwischen den Menschen und Gott. Dazu bemerkt F. Capra: „Es ist stets äußerst schwierig gewesen, die alles durchdringende Macht des Patriarchats zu erkennen. Es hat unsere grundlegenden Ideen über das Wesen des Menschen und unsere Beziehung zum Universum beeinflußt. *Der* Mensch und *seine* Beziehung, heißt es nicht umsonst in unserer patriarchalischen Sprache."[36]

In der Tat, diese einseitigen und oftmals diskriminierenden Strukturen prägen auch unsere Sprache und unsere Sprachgewohnheiten. Feministische Wissenschaftlerinnen haben auch in diesem Bereich inzwischen viele wichtige wissenschaftlich genau belegte Erkenntnisse zutage gefördert. Je exakter man die Sprachen und das ihnen zugrundeliegende Denken untersucht, um so mehr wird man sexistische Muster in der Sprache entdecken. Gedankliche Strukturen, religiöse, philosophische Anschauungen sowie Verhaltensweisen prägen unser Sprechen und werden von der Sprache wiederum beeinflußt. Wir geben solche Prägungen über die Sprache an unsere Kinder weiter.

Daß eine durch patriarchalisches Denken geprägte Sprache häufig nichts mit dem Wesen einer Sache zu tun hat, zeigt ein kleines Beispiel: Nicht überall sind „der Mensch" und „der Geist" männlich bestimmt. Im Polnischen und Griechischen ist das Wort „Geist" neutral, im Hebräischen ist es weiblich. Wir werden in späteren Überlegungen noch die Wahrheit mit einbeziehen, daß das Wesen Gottes mit seiner Liebe identisch ist, weil schon das biblische Wort Erbarmen als Ausdruck der Herzmitte Gottes das hebräische Wort für „Mutterschoß“ als Wurzel hat.

Gesellschaftlich werden die geltende Überlegenheit und praktizierte Vorherrschaft des Mannes auch am Beispiel der Sprache offenkundig, wenn gerade qualifizierte Tätigkeiten und Berufe, auch wenn sie heute von Frauen ausgeübt werden, seit eh und je männlich definiert wurden (etwa: „der Gesetzgeber, Minister“ usw.). Für viele Bezeichnungen hat man bis heute auf die weibliche Sprachform verzichtet. Wir stoßen umgekehrt auch auf das andere Phänomen, daß im Zuge größerer gesellschaftlicher Wertschätzung oder höherer finanzieller Einstufung eines Berufes traditionell „weibliche“ oder bisher Frauen vorbehaltene Berufe dann auch von Männern ausgeübt werden und die Berufsbezeichnungen männlich umformuliert werden. Bis vor kurzem wurde der früher Frauen vorbehaltene Beruf der Gemeindereferentin (Seelsorgehelferin) unter dem männlichen Begriff „der Gemeindereferent“ geführt.

Daß es keine Frage extremer „weiblicher“ Sensibilität ist, wenn Frauen sich durch solche und ähnliche Bezeichnungen diskriminiert fühlen, zeigt vielleicht folgende hypothetische Frage: Wie würden Männer denn reagieren, wenn man sie generell als „Schwestern“ anreden oder unter der Berufsbezeichnung „Pastoralreferentin“ führen würde. Worte sind zwar „nur“ Zeichen und Symbole, die auf eine Wirklichkeit hinweisen. Doch sie wollen diese Wirklichkeit ja auch zum Ausdruck bringen. Unser Wirklichkeitsverständnis wird beeinflußt von sprachlich einseitigen Formulierungen.

Das läßt sich auch am Beispiel unserer christlich tradierten Gottesvorstellung zeigen. Eine an sich unfaßbare Wirklichkeit wurde hier mit fast ausnahmslos männlichen Begriffen zu erfassen versucht. In unserer Tradition entstand so ein übergewichtig männliches Gottesbild. Dies geschah, obwohl andererseits in dieser Tradition das Bewußtsein nie verlorenging, daß sich Gott selbst unseren Benennungen und Identifizierungen entzogen hat. Von Mose nämlich nach seinem Namen gefragt, antwortet er: „Ich bin der ‚Ich-bin-da'" (Ex 3,14). Zum Ausdruck kommt hier sein lebendiges Geheimnis. Gott antwortet mit einer Aussage über sein Tun und nicht über sein Wesen, das uns nur in seinem Tun zugänglich ist. Wir wissen außerdem, daß, wenn Gott in der Offenbarung auf sein tiefstes Wesen verweist, dies besonders in mütterlichen Gleichnissen geschieht. Darauf wird noch ausführlicher einzugehen sein. Nicht zu vergessen und hier bereits festzuhalten ist die Tatsache: Wenn beide Geschlechter Ebenbilder Gottes sind, sollten wir in der Weise, wie wir von ihm sprechen, die Synthese männlich/weiblich als vorgegeben berücksichtigen.

Hinweise auf die Verdrängung der weiblichen Komponente im Menschsein Christi entnehmen wir den Überlegungen der Theologin und Psychotherapeutin Hanna Wolff[37]. Sie befaßt sich mit dem „patriarchalischen Mißverständnis Jesu", wofür sie die Ursachen in der Zeit der Kirchenväter aus dem in der Gesellschaft herrschenden „Bewußtseinspatriarchat" zu erklären sucht. Sie spricht von den damals sich durchsetzenden mentalen Strukturen und schreibt: „Was geht psychologisch auf dieser Stufe vor sich? Das Männliche will zu sich selbst kommen. Das tut es zunächst dramatisch naiv, indem es sich dem Weiblichen ‚gegenüber' selbst behauptet. Es verfällt der leidvollen nur-männlichen Rolle. Die Distanzierung dem Weiblichen gegenüber wird zu einer direkten Frontstellung wider das Weibliche ... Und so beginnt dann hier die große Umwertung des Weiblichen ins Negative, die dann im Patriarchalismus der abendländischen Religionen zu einem Extrem gekommen ist"[38]

Das Verhängnisvolle solchen Denkens, das eine noch mehr vermännlichte Welt schuf, verrät sich auch in folgender Tatsache: Die Abspaltung der weiblichen Anteile im Mann hat nicht nur die Unterdrückung und Verachtung der Frauen als Ursache und Folge. Sie beweist auch die Unterdrückung und Verachtung des Weiblichen im Mann selbst. Die Männer ahnen kaum, daß sie sich mit ihrem überbetonten „fort vom Weiblichen" selbst reduzieren: „Anders ausgedrückt, sie ahnen nicht, daß sie gegen sich selbst kämpfen, wenn sie gegen die Frau kämpfen, daß das, was sie ‚draußen' schmähen und degradieren und oft geradezu anpöbeln, ‚drinnen' in ihnen selbst ist. Sie sind weit entfernt, zu verstehen, daß all die Lasterkataloge, die sie der Frau widmen, nichts anderes als Selbstbekenntnisse sind."[39]

3. Kapitel

Die Frauen in Bibel und Kirche

Der Mann soll zum Kriege erzogen werden und das Weib zur Erholung des Kriegers: alles anderes ist Torheit."[1] Diese Forderung Nietzsches ist vielleicht die kürzeste Formel, in der man einseitige Männlichkeit und einseitige Weiblichkeit gutheißen, fordern und bis ins Extrem zuspitzen kann. In der Konsequenz bedeutet das Männlichkeitswahn. Es ist noch nicht so lange her, daß Hitler und seinen Elitesoldaten ein solches Bild als Ideal diente. Um ins Schema zu passen, das von Männern entworfen und durchgesetzt wurde, mußten sich die Frauen auf der anderen Seite einem Weiblichkeitswahn unterwerfen. Wenn ich hier zwei Extreme genannt habe, dann ganz bewußt, um bereits im Vorfeld den Blick zu schärfen für bestimmte falsche Entwicklungen. Wichtig ist, daß wir schon auf die Spuren achten, die zu diesen falschen Leitbildern von Mann- und Frausein führen.

Selbstverständlich wären viele Zwischenstufen auf dem Weg zu diesen extremen Standpunkten zu beschreiben. Kritische Selbstbeobachtung kann also keinem schaden. Denn vielleicht tragen wir im Unterbewußtsein mehr von den Leitbildern der patriarchalischen Vergangenheit in uns als uns bewußt ist und wir uns nur durch Reflexion bewußtmachen können. Es gibt allerdings ein gutes Vorbild, nach dem wir uns selbst im Sinne einer Kontrolle ausrichten und überprüfen sollten: die Gestalt und Botschaft Jesu. Es ist immerhin ein überzeugendes Zeichen, daß sich bei den Männern und Frauen, die zu seinem Gefolge zählten, keine Anhaltspunkte für die genannten Einseitigkeiten finden. Außerdem hat er ihnen selbst als Korrektur das Bild wahren Menschseins vorgelebt.

Dafür, daß die Negativbeispiele nicht bloß der Vergangenheit angehören, sondern auch auf ganz massive und scheinbar selbstverständliche Weise die Vorstellungen in vielen Eliten unserer Gesellschaft bestimmen, könnte man viele Belege anführen. Hier nur ein aktuelles, aussagekräftiges Beispiel: Bei einer Tagung für Männer im Management, die kürzlich stattfand, wurde auch den miteingeladenen Ehefrauen ein Vortrag gehalten. Es ging um ihre Aufgaben. Dabei wurden vor allem Pflichten besprochen, die sie daheim an ihren streßgeplagten Männern zu erfüllen hätten, damit diese sich wieder für die harten Anforderungen im heutigen Berufsleben regenerieren können. Wer müßte, wenn er von einer solchen Rollenverteilung hört, nicht sofort an das eingangs zitierte Nietzsche-Wort denken? Dabei stellen sich doch für den Mann, jenseits seiner beruflichen Inanspruchnahme, wirklich noch andere wichtige und dringliche menschliche Aufgaben: als Lebensgefährte seiner Frau und als Vater der Kinder. Ob der Mann in erster Linie Kämpfer an der „Berufsfront" sein soll und die Frau seine vor allem auf die Erhaltung seiner Arbeits- und Konkurrenzfähigkeit fixierte oder beschränkte Gattin – all dies führt letztlich immer wieder zu der Frage nach den gängigen, aber unbedingt zu ändernden Leitbildern.

Noch heute gibt es in manchen Kulturen für Jungen und Mädchen Initiationsriten zur Einführung in ihr kommendes Leben als Erwachsene, bei denen gerade die einseitig männlichen und weiblichen Leitbilder eindeutig zugrunde liegen. Damit die Jungen zu Männern reifen, haben sie sich entsprechenden Mut- und Standhaftigkeitsproben zu unterziehen. Dazu können Fastenübungen gehören, Prügel oder Verwundungen. Sie müssen lernen, Schmerz ohne Klagen zu ertragen, dem Tod ins Auge zu sehen oder auch ohne Schuldgefühl zu töten. Knaben werden bei solchen Initiationsriten mit dem Beginn der Pubertät von den Mädchen getrennt. Mädchen werden in einen Kreis von Frauen aufgenommen, um die ihrem Geschlecht angemessenen Tugenden und Pflichten zu lernen. Bis in die Ideale der bürgerlichen Gesellschaft haben sich Spuren dieser Trennung erhalten. Von einem ihrer größten Dichter wurde sie besungen: „Vom Mädchen reißt sich stolz der Knabe", so heißt es bei Friedrich Schiller, denn: „der Mann muß hinaus ins feindliche Leben". Zu Hause „aber waltet die züchtige Hausfrau". So einfach wie dieses Bild es sieht oder wünscht, ist die Wirklichkeit des Lebens freilich nicht – und sie ist es nie gewesen: Wenn sich die Rollen so einfach verteilen ließen, was wären dann die Männer als Köche, Krankenpfleger und Seelsorger oder die Frauen in Klöstern und in den vielen möglichen Berufen?

Solche Überlegungen haben Konsequenzen. Sie zwingen uns, die Frage nach den klärenden Kriterien zu stellen. Gerade nachdem wir so viel über die Diskriminierung von Frauen und die damit unweigerlich verbundenen Fehlhaltungen der Männer gehört haben, ist dies der nächste notwendige Schritt. Die Kriterien lassen sich finden und anwenden im Blick auf das Bild des Menschen als Mann und Frau, wie es in der biblischen Offenbarung enthalten ist.

„Männlich und weiblich schuf er sie"

Die Anschauung von einem sogenannten „metaphysischen Wesen" der Frau gehört in den Bereich der Ideologie. Es gibt heute schon eine theologisch gut begründete Anthropologie, die mit grundsätzlichen Aussagen der Bibel in Einklang steht. In der Genesis lesen wir: „Dann sprach Gott: Laßt uns Menschen machen als unser Abbild, uns ähnlich. Sie sollen herrschen über die Fische des Meeres, über die Vögel des Himmels, über das Vieh, über die ganze Erde und über alle Kriechtiere auf dem Land. Gott schuf also den Menschen als sein Abbild, als Abbild Gottes schuf er ihn. Als Mann und Frau schuf er sie" (Gen 1,26–27).

Im Hebräischen heißt es wörtlich: „männlich und weiblich schuf er sie". Der poetisch gestaltete Schöpfungshymnus wird hier mit den prosaischen Worten „männlich und weiblich" gleichsam unterbrochen. Es sind Begriffe, wie sie auch für das Tierreich gebraucht werden. Hierdurch wird die Zweitrangigkeit gerade dieser Aussage, die auf die Polarität der Geschlechter hinweist, unterstrichen. Die dreimalige Aussage, daß der Mensch nach dem Bilde Gottes geschaffen wurde, betont überdeutlich die Gleichheit und Gleichrangigkeit aller Menschen in ihrer Würde, Bild Gottes zu sein. „Adam" bedeutet auch, von der Wurzel des hebräischen Wortes her, „Gleichsein".

Nach Paulus, dem hervorragenden Kenner der hebräischen Bibel, ist „Adam" auch ein Kollektivbegriff. Als solchen verwendete er ihn im Römerbrief (Röm 5,12ff.). Hier wird die ganze Menschheit mit Adam identifiziert. In dessen Fall werden wir alle hineingezogen. Wir tragen nun das lädierte Bild Gottes in uns. Christus als „Gegenbild des ersten Adam" erlöste uns davon. Deshalb beten wir mit der Kirche: „O Gott, du hast den Menschen in seiner Würde wunderbar erschaffen und noch wunderbarer erneuert." In der Würde ihres Menschseins sind Mann und Frau demnach völlig gleich.

Papst Paul VI. hat in einer vielbeachteten programmatischen Ansprache vom 31. 1. 1976 gerade diese Wahrheit klar herausgestellt. Er argumentierte dort so: „Denken wir zunächst an jene Grundvoraussetzung des Christentums: Gott hat die menschliche Person als Mann und Frau in einer einzigen Liebesabsicht geschaffen, und zwar nach seinem Bild. Mann und Frau sind also völlig gleich vor Gott, gleich als Personen, gleich als seine Kinder, gleich an Würde, gleich auch an Rechten. Diese grundsätzliche Gleichheit muß sich auf verschiedenen Ebenen auswirken, vor allem auf der Ebene der Person." Der Papst forderte die Achtung vor der Würde der Frau und prangerte ihre Erniedrigung in der modernen Welt an. Schließlich fuhr er fort: „Die Gleichheit von Mann und Frau muß sowohl im Berufsleben wie im Sozialleben verwirklicht werden."[2]

Es handelt sich also bei diesem Bezug auf den Schöpfungsbericht der Bibel nicht um etwas in seinen Folgen Belangloses, im Gegenteil. Die hier grundgelegte Würde hat Konsequenzen für die Stellung der Frau in Kirche und Gesellschaft.

Natürlich übersieht Paul VI. in der eben angeführten Ansprache ebensowenig wie in allen anderen, die er zu diesem Thema hielt, nicht die Verschiedenheit der Geschlechter. So sagte er z.B. am 6. 11. 1974, als er Helvi Sipilä, die Generalsekretärin der Initiative für das „Jahr der Frau", empfing: „Aber diese Gleichheit schließt die Unterscheidung nicht aus, ebensowenig den spezifischen Beitrag der Frau zur vollen Entfaltung der Gesellschaft auf allen Gebieten, entsprechend ihrer eigenen und persönlichen Berufung."

Im Beschluß der Gemeinsamen Synode der Bistümer in der Bundesrepublik Deutschland „Die pastoralen Dienste in der Gemeinde" formulierte man die Frage nach Gleichheit und Verschiedenheit der Geschlechter mit folgenden Worten: „Nach Aussagen der Schrift kommt Mann und Frau aufgrund der in der Schöpfung begründeten Gottebenbildlichkeit (vgl. Gen 1,27) und ihrer Einheit in Jesus Christus (vgl. Gal 3,26–28) dieselbe personale Würde zu."

Zusammenfassend heißt es in diesem Dokument am Schluß: „Mann und Frau sollen also ihre je eigenen Gaben in das Leben der Kirche und ihrer Gemeinden einbringen und gemeinsam Verantwortung in Kirche und Gesellschaft übernehmen. Unbeschadet ihrer unterschiedlichen Aufgaben haben Mann und Frau grundsätzlich die gleiche Verantwortung und die gleichen Rechte."[3] Ob die „je eigenen" Gaben dabei nur geschlechtsspezifisch bestimmbar sind, sollte zumindest offenbleiben.

Bevor wir mit Hilfe anthropologischer Aussagen versuchen, jene Erklärungen von Gleichheit und Verschiedenheit zu analysieren, will ich auch einige offizielle kirchliche Äußerungen dazu aus dem Papier der Deutschen Bischofskonferenz „Zu Fragen der Stellung der Frau in Kirche und Gesellschaft" (1981) festhalten. Ausführlich befassen sich damit der erste Abschnitt „Mann und Frau sind gleich als Person" und der zweite Abschnitt „Männer und Frauen sind in der Ausprägung ihres Menschseins verschieden". Im ersten Abschnitt heißt es: Aufgrund des Schöpfungsberichtes „sind Mann und Frau von Gott her gleich und auf ihn hin gleich. Sie sind gleich in ihrer Würde als Gottes Geschöpfe, aber auch gleich in ihrem Elend, wenn sie sich Gott verweigern." Dieser letzte Hinweis ist sehr wichtig. Denn wir sahen schon, wie man die Verderbnis des Menschseins durch den Sündenfall und seine Folgen bei der polaren Struktur, die jeder schon in sich selbst trägt, in typischer Projektion bei den Frauen anzusiedeln versuchte.

Und im zweiten Abschnitt, der sich der Verschiedenheit widmet, ist zu lesen: „Es wäre jedoch falsch, alle Unterschiede zwischen Frauen und Männern nur als kulturgeschichtlich bedingt anzusehen. Die Eigenarten von Mann und Frau gründen auch auf naturgegebenen, leiblichen Unterschieden... Der Leib ist Ausdrucksgestalt der Seele. Frausein und Mannsein sind also ganzheitliche, leib-seelische Wirklichkeiten. Dies zu leugnen wäre eine neue Leib- und Geschlechtsfeindlichkeit, wie sie in manchen Formen der Emanzipationsphilosophie festzustellen ist."[4]

Diese Feststellung der Verschiedenheit reizt immer wieder zu Auseinandersetzungen. Denn die Versuchung ist sehr groß, sie sofort mit überholten spezifischen Rollenzuteilungen auszufüllen und festzuschreiben.

Könnte man die Tatsache einer nicht zu leugnenden Verschiedenheit nicht vielleicht auf die Frage reduzieren: Gibt es überhaupt verschiedene Gaben und Aufgaben außer der biologischen Funktion von Vater- und Mutterschaft?

In kirchlichen Verlautbarungen hat man sich vorsichtigerweise auf dieses umstrittene und nicht eigentlich theologische Thema nicht näher eingelassen.

Daß unterschiedliche Rollenzuweisungen auch mit theologischen Vorstellungen nicht vorgenommen werden können, das zeigt das bekannte Wort von Papst Johannes Paul I. über Gott: „Er ist uns Vater, noch mehr, er ist uns auch Mutter." Johannes Paul I. befindet sich in Übereinstimmung mit der Offenbarung, die uns eindeutige Gleichnisse von der mütterlichen Liebe Gottes schenkt. Die polare Zweiheit in Gott – wie könnte er anders das Urbild des Menschen sein? – gehört religionsgeschichtlich zu den ältesten Gottesvorstellungen der Menschheit. Jeder Mensch trägt als Abbild Gottes die potentielle Zweiheit bei biologisch getrennter Ausprägung eines Geschlechts in sich. Wir kennen zwar auch biologische Sonderfälle und die hormonbedingte Variationsbreite der einzelnen Geschlechtsausprägungen. Fundamental entscheidend bleibt aber die Einheit im Menschsein. Daß man dies heute im Unterschied und in Abhebung zu früheren Ansichten, die von einem trennenden Wesensunterschied zwischen den Geschlechtern ausgingen, betont, ist Zeichen neuer und vertiefter Einsicht.

Wir wissen aus der Biologie, daß bei Frauen und Männern jede Zelle des Leibes und Gehirns weiblicher bzw. männlicher Art ist. Das ganze Menschsein der Frau bzw. des Mannes hat bis in alle Einzelheiten eine generell weibliche bzw. männliche Tönung. Deshalb kann man nicht mehr im früheren Sinn von männlichen und weiblichen Eigenschaften reden. Man spricht heute von menschlichen Eigenschaften mit jeweils weiblicher oder männlicher Prägung.

F. J. J. Buytendijk ist in seinen Untersuchungen dem, was man so allgemein „typisch weiblich" oder „typisch männlich" nennt, bis in die Einzelheiten der Gestalt, des Verhaltens, des Denkens, der Bewegung, der Sprache, des Arbeitens, Sorgens und in der Art des „Leiblich-in-der-Welt-Sein" nachgegangen und hat diese Phänomene auch weitgehend zu erklären versucht. Es geht ihm in der Hauptsache darum, dasjenige, was man das Weibliche oder das Männliche im Menschen nennt, als die meist stärkere Ausprägung im jeweiligen Geschlecht darzustellen. Die Trennung ‚männlich = Männer' und ‚weiblich = Frauen' lehnt Buytendijk entschieden ab. Er betont eindringlich, „daß die Frau als Mensch existiert und daß alle menschlichen Möglichkeiten auch die ihren sind"[5].

Das Ergebnis seiner Studie: „Es gibt nur Menschen, und es gibt weibliche und männliche Eigentümlichkeiten, die bei beiden vorkommen, wenn auch in verschiedenem Verhältnis ... Konkret gibt es kein rein männliches oder weibliches Dasein, und es kann das Dasein in dieser Einseitigkeit nie geben."[6]

Diese anthropologische Einsicht wird auch im zweiten Schöpfungsbericht zum Ausdruck gebracht. Dort heißt es über die Erschaffung der Frau, daß sie aus der Seite des Mannes genommen wurde. Er konnte deshalb jetzt sagen: „das endlich ist Bein von meinem Bein und Fleisch von meinem Fleisch" (vgl. Gen 2,21–23).

Der hebräische Text des ersten Schöpfungsberichts sagt, daß Gott den Menschen „männlich und weiblich" schuf. Dies kann auch noch bedeuten, daß Gott *jeden* Menschen männlich *und* weiblich geschaffen hat. Dies würde der polaren Zweiheit in jedem Menschen entsprechen. Die Integration des Gegenpols in der eigenen Seele führt zum ganzen Menschsein, wodurch die Einheit des Menschseins sich in Mann und Frau in einer harmonischen Gestalt entfalten kann. In einer polaren Welt gibt es nicht rechts ohne links, nicht dunkel ohne hell, nicht Tag ohne Nacht, kein Schenken ohne Empfangen.

Gerade das letzte Beispiel zeigt die Schwierigkeit einseitiger Rollenzuweisungen bzw. die Notwendigkeiten, beide Seiten als eine Einheit zu begreifen. Nur zu schnell ist man geneigt, die Männer als die Schenkenden und die Frauen als die Empfangenden zu bezeichnen. In anderen Zusammenhängen aber erwartet man gerade von den Frauen die schenkende Liebe. Es gibt eben kein rein männliches und kein rein weibliches Dasein, aus dem sich von vornherein eine Rollenverteilung ableiten ließe. Nach Gen 1,26.28 ist beiden, Mann und Frau, der Auftrag gegeben, über die Erde zu herrschen. Daraus läßt sich weder die Überordnung des Mannes über die Frau noch eine spezifische Aufgabenverteilung zwischen den Geschlechtern ableiten. Solche Einsichten entstammen durchaus nicht einer neuen feministischen Exegese. Ich möchte in diesem Zusammenhang auf die Aussagen Edith Steins verweisen. Sie hat bereits 1932 die heutige Sicht dieser Fragen vorweggenommen. Sie stellt fest, daß an dieser Stelle der Bibel von einer Herrschaft des Mannes über die Frau nicht die Rede ist. „Gefährtin und Gehilfin" (das deutsch kaum wiederzugebende hebräische Wort „Eser kenedgo" übersetzt Edith Stein mit „eine Hilfe wie ihm gegenüber") „wird sie genannt, und es wird vom Mann gesagt, daß er ihr anhangen werde und daß beide ein Fleisch sein würden"[7].

Der Mensch stürzt im Sündenfall nicht aus dieser Einheit in die Polarität. Nein: er spaltet sich von Gott ab, er spaltet sich in sich selbst, und er spaltet die Einheit zwischen Mann und Frau. Die Polarität, die in der Erschaffung des Menschen grundgelegt war, verbindet. Und in der Erlösung wird, in der Verbindung mit Christus, auch die Einheit von Mann und Frau wiederhergestellt. „Es gibt nicht Mann und Frau; denn ihr alle seid ‚einer' in Christus" (Gal 3,28).

Aus dem Schöpfungsauftrag zieht Edith Stein folgende Konsequenz: „Das erste Wort der Heiligen Schrift, das vom Menschen handelt, weist Mann und Frau einen gemeinsamen Beruf zu."[8] Daraus ergab sich Edith Steins Einstellung gegen eine aufgrund des Geschlechtes getrennte Rollenzuweisung durch die sogenannten Frauenberufe. Sie schreibt: „Ehe ... wir dazu übergehen, Berufung von Männern und Frauen zum Dienst Gottes zu prüfen, wollen wir noch erwägen, ob nach natürlicher Ordnung eine Verteilung der Berufe in der Art zu fordern sei, daß gewisse Berufe nur den Männern, andere nur den Frauen vorbehalten werden sollten (manche eventuell beiden offenstehen). Ich glaube, daß auch diese Frage zu verneinen ist, und zwar mit Rücksicht auf die starken überindividuellen Differenzen, die manche Frauen stark dem männlichen Typus und manche Männer stark dem weiblichen Typus annähern und es mit sich bringen, daß jeder ‚männliche' Beruf auch von gewissen Frauen, jeder ‚weibliche' Beruf auch von gewissen Männern durchaus sachgemäß ausgeübt werden kann. Darum scheint es mir angemessen, hier keinerlei gesetzliche Schranken zu ziehen ..."[9] An anderer Stelle sagt sie: „Daß Frauen imstande sind, andere Berufe als den der Gattin und Mutter auszuüben, das hat auch wohl nur unsachliche Verblendung bestreiten können. Die Erfahrung der letzten Jahrzehnte und im Grunde doch die Erfahrung aller Zeiten hat es bewiesen ... Es gibt keinen Beruf, der nicht von der Frau ausgeübt werden könnte ... Keine Frau ist ja nur ‚Frau', jede hat ihre individuelle Eigenart und Anlage so gut wie der Mann und in dieser Anlage die Befähigung zu dieser oder jener Berufstätigkeit künstlerischer, wissenschaftlicher, technischer Art. Prinzipiell kann die individuelle Anlage auf jedes Sachgebiet hinweisen, auch auf solche, die der weiblichen Eigenart fernliegen."[10] An dieser Stelle soll auch erwähnt sein, daß eine Frau – und zwar eine berufstätige –, nämlich die Purpurhändlerin Lydia, als erste dem Christentum in Europa überhaupt ihr Haus geöffnet hat (vgl. Apg 16,14f.). Dies sollte nicht vergessen werden.

Frauen können also von keinem Beruf aus grundsätzlichen, etwa anthropologischen Gründen ausgeschlossen werden. Alle anderen hier anstehenden Fragen soll man mit den aus der Sache, den Umständen und der individuell persönlichen Situation sich ergebenden Gründen klären. Dabei spielen geistige, seelische und körperliche Eigentümlichkeiten eine gewisse und manchmal auch eine ausschlaggebende Rolle. Solche Gesichtspunkte gelten jedoch auch für die Unterschiede zwischen Männern. Sie sind nicht an ein bestimmtes Geschlecht gebunden.

Doch solche Überlegungen sind noch lange nicht Allgemeingut geworden. So ist eine Frau in der Wohnung mit dem Besen in der Hand jedem eine vertraute Erscheinung. Einen Straßenkehrer mit dem Besen bringen wir nicht von vornherein mit einer „weiblichen" Tätigkeit in Verbindung. Bei jungen Vätern, die den Kinderwagen schieben und ihre Kinder wickeln, hat sich die gesellschaftliche Einschätzung schon verschoben. Drohen etwa „Hausmänner" zu „verweiblichen"? Es besteht übrigens aufgrund dualistischer, in der Wurzel manichäischer Denkweise ein innerer Zusammenhang zwischen der Abwertung der Frau und ziemlich vielen minderbewerteten Arbeiten, die man ihr zuordnete. In der heidnischen Welt überließ man gerade körperliche Arbeiten den Sklaven und Frauen.

Beide Gruppen waren unfrei, galten rechtlich als Sachen und Besitz der Männer und Herren. Noch lebt die Vergangenheit unter uns und vielleicht auch in uns. Die Interpretation der Ergebnisse einer Studie, die sich auch auf das Rollenverständnis junger, gebildeter Afrikanerinnen bezog, überlasse ich den Leserinnen und den Lesern: Christina Oppongs Untersuchungen haben gezeigt, daß auch afrikanische Studentinnen sich nach wie vor selbst „in irgendeiner Weise als Besitztum ihrer Männer sehen, die sie unterstützen. Und so werden sie auch von ihren männlichen Antipoden gesehen. Sie sind wirtschaftliche Anhängsel ihrer Männer, und ihr Einkommen wird als Ergänzung des Einkommens des Mannes angesehen. Somit bestehen die traditionellen Normen fort ... das gleiche gilt für die Norm, nach der die Hausarbeit ausschließlich Sache der Frau ist."[11]

Obwohl bei uns Frauen heute prinzipiell fast alle Berufe offenstehen und sehr viele auch berufstätig sind, hat sich an der Rollenverteilung in den „eigenen vier Wänden" auch dadurch Wesentliches nicht verändert. Es gibt aber schon, gerade in der jüngeren Generation, vielversprechende Ansätze.

Die moderne Entwicklung, durch die Frauen in alle Bereiche der Arbeitswelt eingeschleust wurden, hat die Kirche nie zu einem Protest veranlaßt. In diesem Prozeß holen Frauen oft eigentlich nur das, auch nach außen sichtbar, ein, was sie schon immer geleistet haben. Wir müssen das noch einmal vor Augen führen. Die Frauen leisten weltweit 70 Prozent aller Arbeitsstunden. Davon nur 10 Prozent bezahlte. Männer hingegen beziehen 90 Prozent aller Einkommen. Auch hier wird es Zeit für eine gerechtere Verteilung. Ebenso sind im gesellschaftlichen und politischen Leben Frauen immer noch unterrepräsentiert oder diskriminiert. Die Kirche hat durch Johannes XXIII. darauf hingewiesen, daß heutzutage die ihrer Menschenwürde bewußten Frauen im häuslichen Leben wie im Staat jene Rechte und Pflichten beanspruchen, die der Würde der menschlichen Person entsprechen. Es geht hier also nicht um die Rechte und Pflichten ihres Frauseins, sondern um die der menschlichen Person, die sie in den verschiedenen Bereichen wahrnehmen können und sollen.

Die Doppelrolle, die viele Frauen heute in Familie und Beruf wahrnehmen, bringt gewiß viele Probleme, besonders für die betroffenen Frauen, mit sich. Doch hat diese Frage nichts mit dem „Wesensbild" der Frau zu tun, aus dem nun der Vorwurf abgeleitet wird, solche Frauen veruntreuten ihre Mutteraufgaben. Wenn eine verheiratete Frau berufstätig ist, dann ist sie vor die Frage nach dem Primat ihrer jeweiligen Verantwortung in der Familie oder im Beruf gestellt, der sie nicht ohne Partnerschaft mit ihrem Mann entsprechen kann. Hier muß Partnerschaft im täglichen Leben konkret werden. Wenn eine Frau ohne zwingenden Grund ihre Verpflichtung in der Familie und Kindererziehung nur aus Liebe zu einem Beruf oder aus ungerechtfertigtem Gewinnstreben vernachlässigen würde, dann verrät sie nicht ein „Wesensbild" der Frau, sondern ihre konkrete Aufgabe und Verantwortung. Zu der Vernachlässigung der Pflichten, die Männer als Ehepartner und Väter haben, muß später noch ein eigenes Wort gesagt werden. Die einseitigen Berufsrollen haben uns gleichsam auch eine „vaterlose" Gesellschaft eingebracht.

Auf der anderen Seite ist die Gesellschaft aufgerufen, den Familien und den Müttern konkrete Hilfestellung zu bieten. Wir müssen an die Situation denken, die schon Pius XI. bei folgenden Worten im Auge hatte: „Es ist ein Skandal, wenn eine Mutter aus wirtschaftlicher Not gezwungen ist, außerhäuslich erwerbstätig zu sein." Das Wort „außerhäuslich" erinnert daran, daß er bei der Frage nach der Berufstätigkeit einer Mutter auch die neuzeitliche Trennung von Arbeitsplatz und Familie sieht. Pius XI. legte das Gewicht seiner Aussage auf das Zusammentreffen von zwei Tatbeständen: den Zwang wirtschaftlicher Not und eine außerhäusliche Erwerbsarbeit. Für die Lösung solcher Probleme trägt letztlich die Gesellschaft die konkrete Verantwortung. Es ließe sich denken, daß in die „Charta der Menschenrechte" auch die Forderung nach einem garantierten menschenwürdigen Lebensstandard für die Mütter aufgenommen würde. Schließlich hängen davon Gesundheit, Familie und die Entwicklung der Kinder ab. Mit zweifelhaften Einwänden (etwa dafür seien keine Gelder vorhanden) lassen sich konkrete Nöte nicht beseitigen. In anderen Bereichen, wie etwa der politischen Sicherheit, sind die Mittel ja auch vorhanden. Strukturelle Veränderungen wären notwendig. Staat und Wirtschaft müßten z.B. durch Teilzeitarbeit, schwingende 36-Stunden-Woche, Heimarbeit oder Erziehungsgeld (Anfänge sind, wie oben bereits erwähnt, gemacht) bzw. Muttergehalt Antworten und Lösungen entwickeln und finden.

Der entscheidende Gesichtspunkt für die grundsätzlich gemeinsamen Aufgaben von Männern und Frauen ist also die ihnen gemeinsame Würde als Mensch und Person. Die Verschiedenheit jedoch in der jeweils männlichen bzw. weiblichen Ausprägung ihres Menschseins verweist uns auf die in jeder Polarität notwendige Ergänzung: auf die Partnerschaft der beiden Geschlechter.

Die geforderte und notwendige Partnerschaft von Männern und Frauen läßt sich durch den zweiten Schöpfungsbericht der Bibel fundamental begründen. Die betreffenden Stellen des Textes lauten: „Dann sprach Gott, der Herr: Es ist nicht gut, daß der Mensch allein bleibt. Ich will ihm eine Hilfe machen, die ihm entspricht. – Da ließ Gott, der Herr, einen tiefen Schlaf auf den Menschen fallen, so daß er einschlief, nahm eine seiner Rippen und verschloß ihre Stelle mit Fleisch. Gott, der Herr, baute aus der Rippe, die er vom Menschen genommen hatte, eine Frau und führte sie dem Menschen zu" (Gen 2,18.21–22).

Dieser Text läßt sich nicht als vorgegebenes soziologisches Modell deuten, das die Unterordnung der Frau beschreibt. Wir müssen unsere patriarchalische Brille absetzen, wenn wir die Bibel vorurteilsfrei lesen wollen. Das bedeutet nicht, daß hier die im Alten Testament dargestellten Verhältnisse und gesellschaftlichen Strukturen aufgrund der soziologisch vorgegebenen patriarchalischen Lebensformen geleugnet werden sollen. Daraus kann man nicht ableiten, daß Gott diesen Verhältnissen zugestimmt hat. Genausowenig wie man durch die Erhörung des Gebetes Josuas, daß die Sonne stillstehen möge (Jos 10,12), begründen kann, daß sich die Sonne um die Erde dreht.

Genau wie der erste Schöpfungsbericht hat auch der zweite die grundsätzliche Gleichwertigkeit der Frau als

Mensch im Auge. Auch hier heißt es, daß es nicht gut sei, daß der Mensch (nicht der Mann) allein bleibt. Grundsätzlich ist also der Mensch nicht zu einem Dasein als Einzelgänger, sondern zu einem Leben in Gemeinschaft geschaffen. Der Mensch als Abbild eines Gottes, der selbst in sich eine ewige Gemeinschaft der Liebe bildet, kann nur in Gemeinschaft von Liebenden den Sinn seiner Existenz verwirklichen und am Glück Gottes teilnehmen. Dies ist auch ein wesentlicher Hintergrund für die Auffassung, daß die Ehe eine spezielle Form für eine Bindung (Bund) in Gemeinschaft ist, und ihre besondere Aufgabe in der unauflöslichen Bindung zwischen Mann und Frau hat.

Der Hinweis, daß Eva „eine Hilfe ist, die ihm (dem Menschen, der nicht allein bleiben soll) entspricht", kann keinerlei Abhängigkeit der Frau oder das Verständnis von „Gehilfin" als Dienstmagd begründen. Darauf, daß die Übersetzung des hebräischen „Eser kenegdo" wörtlich lautet: „eine Hilfe wie ihm gegenüber", ist schon hingewiesen worden.

Daß Gott eine „Hilfe" schuf, bedeutet nicht einen Machtanspruch dessen, für den sie geschaffen wurde, sondern erinnert vielmehr an seine Bedürftigkeit: Sofern ich Hilfe brauche, bin ich ein abhängiger, auf Liebe angewiesener Mensch. Ist das nicht die elementarste Gegebenheit der menschlichen Existenz? „Menschsein ist ein Ruf nach Liebe", sagt Saint-Exupéry. Diese Grundbefindlichkeit des Menschen wird dann pervertiert, wenn die gegenseitige Abhängigkeit nicht als Liebe, sondern als Macht, Herrschsucht, Überlegenheit, Unterdrückung und Ausbeutung gelebt wird.

Das Gesetz des Verwiesenseins auf gegenseitige Liebe ist der Menschheit absolut vorgegeben. Als Gesetz der gegenseitigen Abhängigkeit gilt es nicht nur im Bereich des Menschlichen, sondern, nach naturwissenschaftlichen Erkenntnissen, für das ganze Universum: Jedes Atom steht im Zusammenhang mit dem gesamten Kosmos, nicht nur in der gegenwärtigen Situation, sondern Vergangenheit und Zukunft mit einbeziehend. Aus dieser Erkenntnis kommen jene gewichtige Stimmen, die uns an unsere Verantwortung für die Umwelt im Blick auf die kommenden Generationen mahnen. Man weiß heute, daß es das Grundgesetz aller lebendigen Wesen ist (und auch Materie wird heute als ein dynamisches Geschehen begriffen), sich miteinander zu verbinden, ineinander zu leben und miteinander zu kooperieren. Kein Leben entwickelt sich durch Abkapselung und Isolation. Dies würde Verkümmerung und letztlich den Tod bedeuten. Wachstum des Lebens vollzieht sich durch gegenseitige Öffnung und durch Austausch.

Das Grundgesetz des Lebens ist also Kommunikation und ständige Partnerschaft. In diesem Sinne muß Partnerschaft auch hier verstanden werden. Der Gipfel dieses Prozesses wird die ewige Kommunikation zwischen Gott und dem Universum sein, jener „neue Himmel und die neue Erde" der Apokalypse (vgl. Offb 21,1). Dann wird sich die Verheißung bewahrheiten: „Und man wird die Pracht und die Kostbarkeiten der Völker in die Stadt bringen" (Offb 21,26).

Durch die Verschiedenheit aller Menschen und durch ihre zusätzlich spezifische Unterschiedenheit als Männer und Frauen sollen jetzt schon, nicht erst am Ende der Zeiten, alle in einem Leben der Partnerschaft ihre Gaben und „Kostbarkeiten" einbringen. Auf diesem Hintergrund wird uns schnell deutlich, daß wir nur selten die Hilfe sind, die wir füreinander hätten sein sollen, sondern häufig eine gegenseitige Belastung: Durch die Verderbnis der Sünde sind wir immer schon auch angeschlagene und verdorbene „Geschenke" füreinander. Deshalb lautet in einer Welt, wo alle schuldig werden, das Gesetz der Liebe: „Einer trage des anderen Last" (Gal 6,2). Dies gilt für beide Geschlechter.

Partnerschaft muß ihre Wurzel in der Liebe haben. Das Geheimnis der Liebe verwirklicht sich durch zwei aufeinander hingeordnete Pole: die bedürftige, begehrende Liebe (Eros) und die schenkende, helfende Liebe (agape). Unsere bedürftige Liebe ist eine „Tochter der Armut" (Plato), und die schenkende Liebe ist die Hilfe, die dieser entspricht. Jene Liebe, auf die wir letztlich alle angewiesen sind, ist der Gott der Liebe selbst. Als Partner und deshalb als Treuhänder der Liebe Gottes wurden die Menschen befähigt, einander Hilfe an Gottes Statt zu sein.

Wir müssen noch der Frage nachgehen, warum die Frau mit ihrer spezifisch weiblichen Prägung in einem besonderen Maß Spiegel und Vermittlerin göttlicher Liebe sein kann; denn in dieser Aufgabe ist sie wirklich die beste Hilfe, die unserem Menschsein entspricht. Wenn sie sich nicht von der Liebe leiten läßt, werden wir gerade diese Hilfe schmerzlich vermissen. Verwunden uns aber die Sünden und die Schuld von Männern nicht ebenso? Wir brauchen nicht die Greueltaten eines Hitler und Stalin zu nennen, es genügen dafür schon die alltäglichen Beispiele. Gott hat die Welt nicht in schuldige (Frauen) und unschuldige (Männer), böse und gute, schwache und starke Menschen eingeteilt. Die Unterscheidung, mit der patriarchalische Ideologien manchmal Schuld sehr einseitig verteilen wollten, verläuft quer durch alle Gruppen.

Die Befreiung des Menschen von der Sünde durch die Liebe Christi und die Bekehrung zu seinem Gebot können uns wieder zur gegenseitigen Partnerschaft befähigen. Dieses Wesensmerkmal von Menschlichkeit soll durch die Frauen in der Welt wieder aufleuchten. Deshalb sind wir alle auf die Partnerschaft mit Frauen in allen Bereichen des

Lebens angewiesen, ob in den Familien, im Arbeitsleben, in Wirtschaft oder Politik. Aus dieser Förderung und Notwendigkeit entspringt über all die vielen Ängste hinaus eine immer lauter sich artikulierende Hoffnung. Es ist eine Hoffnung, die sich nur durch die geforderte Wende erfüllen läßt. Daher die Bedeutung der Frage: „Werden die Frauen unsere Welt wieder menschlicher machen?" (P. Tournier). F. Capra hat sein eingangs mit der Analyse des Patriarchalismus angeführte Buch „Wendezeit" den Frauen gewidmet. Er setzt seine Hoffnung auf eine Umkehr zum Besseren vor allem in sie. Und er steht damit nicht allein. Auch der Buchtitel des orthodoxen Theologen Paul Evdokimov klingt wie ein Programm: „Die Frau und das Heil der Welt"[12]. Zeugen einer solchen Hoffnung, die auf die Möglichkeiten und Kräfte der Frau setzen oder an sie appellieren, gibt es viele. Wenigstens einige der markantesten möchte ich zitieren, Stimmen, die manchmal fast prophetischen Charakter annehmen. Johannes XXIII. hat ja, wie erwähnt, „den Aufstieg der Frau" zu den „drei prophetischen Zeichen unserer Zeit" gezählt.

Gertrud von le Fort, die auch von vielen jungen Frauen heute wiederentdeckt wird, schrieb in einer visionär anmutenden Sprache: „Die Welt der apokalyptischen Reiter ist zutiefst die Welt ohne die Frau, – es ist nicht die Welt des Mannes, sondern es ist die Welt, in der es auch für den Mann kein ‚fiat mihi' mehr gibt."

Eine solche Feststellung läßt fragen: Fehlt uns das weibliche Leitbild? Und: Worin besteht diese wesentliche menschliche Aufgabe? Gertrud von le Fort erläutert dies im weiteren: „Die göttliche Schöpferkraft aber, die vom Himmel aufbrechen muß, diese Erde zu erneuern, sie kann nur vom Himmel aufbrechen, wenn ihr von der Erde her wieder die religiöse Kraft des ‚fiat mihi' entgegenkommt. Die Stunde der Hilfe Gottes ist immer auch die religiöse Stunde des Menschen – die Stunde der Frau ... Möge die Frau ihre nahende Stunde nicht versäumen!"[13]

Wenn man diese Sätze ernst nimmt, dann hat das in der Tat Konsequenzen. Nicht nur für die Frauen, die ihre Stunde wahrnehmen müssen, sondern für alle, die Verantwortung dafür tragen, daß sie auch in dem hier anvisierten geschichtlichen Ausmaß wahrgenommen werden kann. Denn dann müssen ihnen auch die Möglichkeiten dazu erschlossen werden.

Fast könnte man meinen, Johannes Paul II. hätte an diesen „historischen" Ernst Gertrud von le Forts angeknüpft. Erinnern wir uns, was er bei seinem ersten Besuch in Deutschland sagte: „Schenkt der Frau in unserer Gesellschaft und Kirche jene Bedeutung und Beachtung, die sie ihren hohen Auftrag erfüllen lassen für ein wahrhaft menschliches und christliches Leben."[14] Dieser Satz ist kein Einzelsatz, keine pastorale captatio benevolentiae für Frauen in einem Land, in dem ihre gesellschaftliche Emanzipation schon besonders weit fortgeschritten ist. Er steht durchaus für etwas, was nicht leeren Programmcharakter hat, sondern die Wirklichkeit des öffentlichen Lebens im Blick hat. Im Aufruf an die Frauen beim feierlichen Abschluß des Zweiten Vatikanischen Konzils wurde uns auch versichert: „Die Stunde kommt jedoch; und sie ist schon gekommen, in der die Berufung der Frau ihre letzte Erfüllung findet; die Stunde, in der die Frau im öffentlichen Leben einen nie dagewesenen Einfluß und eine nie dagewesene Ausstrahlungskraft erlangt."

Als Ziel der heute notwendigen Partnerschaft forderte Paul VI. „eine immer größere und engere Zusammenarbeit zwischen Männern und Frauen in Gesellschaft und Kirche, damit sie alle mit ihren besonderen Reichtümern und schöpferischen Kräften zum Aufbau einer Welt beitragen, die nicht flach und gestaltlos, sondern harmonisch geeint sein soll."[15] Das sind Sätze, die selbstverständlich auch für die Kirche ihre Geltung haben sollen und müssen, die aber weit darüber hinauszielen.

Für mich ist es sowohl selbstverständlich wie auch von unschätzbarem Wert, daß im Chor der markanten Zeugnisse die Stimme von Mahatma Gandhi, einer der lautersten und größten Persönlichkeiten der Menschheit, nicht fehlt. Auch er sagt uns: „Weil der Mann seit Urzeit die Frau beherrscht hat, kam es, daß sie einen Minderwertigkeitskomplex entwickelt hat. Und so hat sie an die eigennützige Lehre des Mannes, sie sei ihm untertan, geglaubt." Es muß, das ist auch die Auffassung Gandhis, zu einer gleichberechtigten Partnerschaft kommen: „Mann und Frau leben das gleiche Leben, haben die gleichen Gefühle, eines ist Ergänzung des anderen, kann ohne das andere nicht leben."

Müssen wir auf dem Hintergrund des oben Gesagten nicht folgern, daß „das andere" das weibliche Menschsein ist? Genau das meint Gandhi, denn er formuliert die Konsequenzen im Hinblick auf eine gemeinsame Zukunft: Deshalb sollen nämlich die Frauen „ihr Privileg wahrnehmen, den abgeirrten Mann aus seiner Verirrung herausholen, bevor er seinerseits die Frau in seinen Untergang hineinreißt"[16].

Die schlimmsten Waffen der Menschheit liegen bereit, die diesen Untergang (physisch und kosmisch) auslösen könnten, wenn die weibliche Option zur Rettung der Menschheit ausgeschaltet bleibt und die damit gemeinten Werte nicht zum Tragen kommen. Ein solcher Untergang wäre das Produkt jenes die Welt heute in zwei Machtblöcke spaltenden Machtkampfes, der ein typisches Ergebnis männlicher Politik ist.

Das kann natürlich nicht bedeuten, daß nur Frauen „die große Politik" machen sollten oder daß alles automatisch besser würde, wenn Politik von Frauen gemacht würde. Aber „weibliche Option" ist etwas, das sich auf alle Bereiche spezifisch menschlicher Handlungen und somit natürlich auch auf Männer bezieht. Die großen Ereignisse der Geschichte entwickeln sich ja in den unscheinbaren Abläufen des gewöhnlichen Alltags. Deshalb hat eine sowohl für die heraufziehende Krise unserer heutigen Welt als auch für den konkreten Alltag sensible Frau wie Edith Stein in ihrer nüchternen Art die unverzichtbare Präsenz der Frauen als Partnerinnen überall in der modernen Arbeitswelt gefordert. Denn, so sagt sie, „die Berufe, die ihren rein sachlichen Anforderungen nach nicht mit der weiblichen Eigenart zusammenstimmen und eher als spezifisch männlich anzusprechen wären", können doch, „mit ihren konkreten Daseinsbedingungen genommen, auf echt weibliche Art ausgeübt werden. Die Arbeit in der Fabrik, in einem kaufmännischen Büro, im staatlichen oder städtischen Verwaltungsdienst, in den gesetzgebenden Körperschaften, in einem chemischen Laboratorium oder mathematischen Institut – das alles erfordert Einstellung auf ein totes oder abstrakt-gedankliches Material. Aber in den allermeisten Fällen handelt es sich um Arbeit, die mit anderen Menschen zusammenführt, die zum mindesten mit anderen im selben Raum, oft in Arbeitsteilung mit ihnen zu verrichten ist. Und damit ist sofort die Gelegenheit zur Entfaltung aller weiblichen Tugenden gegeben. Ja, man kann sagen, gerade hier, wo jeder in Gefahr ist, ein Stück Maschine zu werden und sein Menschentum zu verlieren, kann die Entfaltung der weiblichen Eigenart zum segensreichen Gegengewicht werden."[17]

Helene Lange, die große Persönlichkeit der deutschen Frauenbewegung, schrieb aus einem ähnlichen Bewußtsein vor rund hundert Jahren, aus der Situation ihrer Zeit heraus, an die Adresse der Männer: „Ich bin anders als ihr;

eben deswegen gehöre ich an eure Seite, nicht nur im Hause, sondern überall da, wo meine Eigenart not tut im Leben, überall, wo es gilt, Probleme zu lösen zur geistigen, sittlichen und wirtschaftlichen Förderung eines Geschlechts, das meines so gut ist wie eures. Das, was ihr könnt, schätze ich hoch; aber nie und nimmer könnt ihr mich ersetzen."[18]

Ich glaube, die wenigen Zeugnisse, die wir zur Kenntnis erhielten, sprechen eine klare Sprache. Aus ihnen erwächst eine eindeutige Verpflichtung: Wir müssen alle inneren und äußeren Sperren abbauen, die jene Partnerschaft von Frauen verhindert, die uns in der Polarität weiblichen und männlichen Menschseins eine menschlichere Zukunft eröffnen kann.

Menschlich sein heißt mütterlich sein

Die menschliche Gestaltung des Lebens hängt davon ab, daß Frauen in den partnerschaftlichen Dialog auch ihre weiblichen Eigentümlichkeiten einbringen können. Kennen wir dieses spezifisch Weibliche, das sich nicht in einigen als weiblich geltenden Eigenschaften oder Fähigkeiten erschöpft, sondern eine umfassende Qualität des Menschseins ist?

Wenn der Mensch, männlich oder/und weiblich, Abbild Gottes ist, dann kann unser wahres Menschsein nur im göttlichen Urbild wie in einem Spiegel erkannt, um dann durch unser Leben nachgezeichnet zu werden. Denn unser inneres Antlitz als Abbild Christi ist durch unser verkehrtes Denken und Tun (Sünde) verdunkelt, entstellt und manchmal fast verschüttet. „Der ich bin, grüßt trauernd den, der ich könnte sein", sagte Hebbel. Wer ich sein könnte, dies kann ich nur durch die ständige Begegnung mit Christus in der Kontemplation entdecken. Das kontemplative Leben ist der Weg, auf „dem wir uns ständig zwischen Undurchsichtigkeit und Transparenz bewegen, von dem Ort, wo die Dinge ... undurchdringlich und verschlossen sind, hin zu dem Ort, wo diese gleichen Dinge offen sind und eine Sicht weit über sie hinaus ermöglichen."[19]

Auf was bzw. wen verweist nun die Frau weit über sich hinaus? Anders gefragt: wie will Gott gerade durch das weibliche Dasein für die Welt transparent werden? Ansätze zu dieser Transparenz Gottes im Weiblichen lassen sich nach Hanna-Barbara Gerl, die für die Integration der weiblichen Komponente ins Menschsein plädiert, auch in der heutigen Theologie finden, die um ein umfassendes Gottesbild bemüht ist: „Für die Theologie zeigen sich vergleichbare Anzeichen einer neuen Wahrnehmung Gottes... Seit kurzem finden sich in der Literatur Überlegungen über den Heiligen Geist als das ‚weibliche' Element in Gott, was in der alten Sophialehre, der Lehre von der ungeschaffenen Weisheit, besonders in der orthodoxen Kirche vorgebildet war. Wichtig scheint jedoch, in Gott nicht eine Art geschlechtlicher Spaltung anzunehmen, sondern einen transgeschlechtlichen Grundzug wahrzunehmen... Diesen Weg deutet eine neue Theologie der Schöpfung und der Frau an, die schon bei Teilhard de Chardin, der sich selbst als ‚Sohn der Erde' bezeichnete und in Ida F. Görres' Wort von der ‚Andacht zur Erde' anklingt. In einer solchen Theologie der Schöpfung wird die Gestalt der Frau als ein bisher wenig beachtetes Ebenbild ihres Schöpfers, als eine spezifisch transparente Erscheinung neu wahrgenommen werden müssen. Ebenso wird es sich zeigen, daß eine neue Mariologie erforderlich ist, die den Gedanken des ‚integralen Menschen' erstmals an einer Frau einsichtig macht."[20]

Wenn wir hier nach dem Gottesbild fragen, das besonders durch die Frau in seinen weiblichen Zügen transparent werden soll, dann müssen wir uns der Warnung bewußt sein: daß wir uns kein (selbstgefertigtes) Bild von Gott machen sollen. Dies gilt aber auch umgekehrt für einseitige männliche Prägungen. Im folgenden sollen einige biblische Stellen genannt werden, in denen weibliche Züge im Gottesbild zum Ausdruck kommen. Am Beispiel eines Hosea-Textes läßt sich zeigen, daß heutige alttestamentliche Exegese durchaus die in der traditionellen Übersetzung und Exegese verschütteten weiblichen Bilder wiederentdecken kann. Nach der neuesten Übersetzung des hebräischen Urtextes von Helen Schüngel-Straumann müßte dieser Text, in dem Gott durch den Propheten sein Volk zur Umkehr ruft, lauten: „Doch wie ich sie rief, so liefen sie von mir weg, den Baalen opferten sie, und den Bildern räucherten sie. Dabei war ich es doch, der Efraim gestillt hat, indem ich ihn auf meine Arme nahm. Sie jedoch begriffen nicht, daß ich sie pflegte. Mit menschlichen Seilen zog ich sie, mit Stricken der Liebe. Und ich war für sie wie solche, die einen Säugling an ihren Busen heben, und ich neigte mich zu ihm, um ihm zu essen zu geben. Wie soll ich dich preisgeben, Efraim? Ich dich aufgeben, Israel? Wie kann ich dich preisgeben wie Adma? Dich behandeln wie Zeboim? Es kehrt sich gegen mich mein Herz, ganz und gar ist entbrannt mein Mutterschoß. Nicht kann ich meinen glühenden Zorn vollstrecken, nicht kann ich (mein Inneres) nochmals umdrehen, um Efraim zu verderben! Denn Gott bin ich und nicht Mann"[21] (Hos 11,2–4.8–9). Gott erinnert hier sein Volk an seine abgrundtiefe Liebe. Deutlich wird dies auch darin, daß das sonst übliche Wort „Erbarmen" auch – wie hier geschehen – als „Mutterschoß" übersetzt werden kann. Und um seine Liebe zu unterstreichen, sagt der Herr – ebenfalls nach dem hebräischen Text: „Ich bin Gott und nicht Mann." Noch die heute gebräuchliche Einheitsübersetzung übersetzt das Wort Mann mit Mensch. Doch können wir gerade aus dem Wort „Mann" schließen, daß Gott sich nach diesem Text von der vermännlichten Form seines menschlichen Ebenbildes distanziert. Ob diese kritische Nuance im Aufruf des Propheten wohl verstanden wurde oder heute verstanden wird? Schließlich ist das Buch des Propheten Hosea und sein Gottesbild von besonderer Bedeutung. Von Exegeten wurde dieser Text mit Recht das Evangelium im Alten Testament genannt. Im Neuen Testament finden sich gewichtige Verweise auf ihn. So beruft sich Jesus in seiner Botschaft, in der er die barmherzige Liebe seines Vaters verkündet, auf die Aussage von Hosea: „Darum lernt, was es heißt, Barmherzigkeit will ich, nicht Opfer" (Mt 9,13/Hos 6,6). Das mütterliche Gottesbild bei Hosea ist kein singulärer Text. Wir können es schon bei Mose finden. Mose verweist in der verzweifelten Lage, als das israelitische Volk beim Zug durch die Wüste Hunger und Durst litt, fast anklagend Gott auf seine Aufgabe und Verantwortung: „Habe denn ich dieses ganze Volk in meinem Schoß getragen, oder habe ich es geboren, daß du zu mir sagen kannst: Nimm es an deine Brust, wie der Wärter den Säugling, und trage es in das Land, das ich seinen Vätern mit einem Eid zugesichert habe?" (Num 11,12). Hier spricht Mose Gott als Mutter Israels an.

Gott offenbart sich gerade durch Zeichen seiner mütterlichen Liebe. Denn er ist das Urbild solcher Liebe und kann von keiner menschlichen Mutter darin je übertroffen werden. Menschliche Mütterlichkeit kann auch versagen. Beim Propheten Jesaja heißt es entsprechend: „Kann denn eine Frau ihr Kindlein vergessen, eine Mutter ihren leiblichen Sohn? Und selbst wenn sie ihn vergessen würde, ich vergesse dich nicht" (Jes 49,15). Diese Bilder der mütterlichen Liebe Gottes reichen bis in die Verheißung der Endzeit hinein. Vom ewigen Jerusalem, dessen Lebensquell Gott selbst ist, heißt es: „Saugt euch satt an ihrer tröstenden Brust, trinkt und labt euch an ihrem mütterlichen Reichtum! ... Ihre Kinder wird man auf den Armen tragen und auf den Knien schaukeln. Wie eine Mutter ihren Sohn tröstet, so tröste ich euch" (Jes 66,11–13). Und Jesus spricht das Jerusalem als ein Volk, um dessen Rettung willen er gesandt ist, in einem mütterlichen Gleichnis an: „Jerusalem ... wie oft wollte ich deine Kinder um mich sammeln, so wie eine Henne ihre Küken unter ihre Flügel nimmt; aber ihr habt nicht gewollt" (Mt 23,37).

Das sind nur einige Beispiele biblischer Texte, aus denen deutlich wird, wie sehr Gott mütterliche Züge hat. Noch einmal soll daran erinnert werden, daß die Worte „Mutterschoß" und „Erbarmen" im Hebräischen mit einem Wort ausgedrückt werden können. Darum deckt sich die Wahrheit und das Geheimnis „Gott ist die Liebe" (1 Joh 4,16b) auch mit dem Begriff „Mütterlichkeit".

Diese Rede von Gott und Christus im weiblichen Sprachsymbol ist bis heute vernachlässigt worden, obwohl es Vorbilder gab, in denen Gotteserfahrungen mit weiblichen Begriffen immer wieder zum Ausdruck gebracht wurden. Die Mystikerin Juliane von Norwich z.B., die in der Geschichte der Spiritualität gewiß etwa mit einer Hildegard von Bingen zu vergleichen ist, schreibt: „So ist Jesus Christus, der Gutes gegen Böses vorbringt, unsere wahre Mutter; wir haben unser Sein von ihm, dort, wo die Quelle aller Mutterschaft beginnt, mit jeder süßen Sorge der Liebe, die immerzu darauf folgt. Denn so wie Gott wahrlich unser Vater ist, so ist er wahrlich auch unsere Mutter. Dies zeigt er in allem, besonders in diesen lieben Worten: ‚Ich bin es'. D.h.: Ich bin es: die Macht und die Güte der Vaterschaft. Ich bin es, die Weisheit und die Zärtlichkeit der Mutterschaft. Ich bin es: das Licht und die Gnade und die selige Liebe. Ich bin es: die Dreieinigkeit. Ich bin es: die souveräne Güte, die allem und jedem innewohnt."[22]

Was bedeutet nun aber diese „Mütterlichkeit", in der das Wesen Gottes transparent wird, für die Ebene des Menschlichen? Das Wort ist heute durch die einseitige Interpretation einer verengten und die Aufgaben der Frau verkürzenden Sicht ins Zwielicht geraten. Wer bei Mütterlichkeit nur an Mutterschaft, an eine treusorgende Gattin und Mutter im Haus denkt, engt den Begriff der Mütterlichkeit ein. Gegen solch reduzierte Sichtweise mag sich auch Papst Johannes Paul I. gewehrt haben, wenn er in einem Brief schreibt: „Heute wollen Gerechtigkeit und soziale Liebe auf andere Weise praktiziert werden: Unsere Frauen sind häufig berufstätig. Als Hausfrauen sind sie noch Angestellte oder Arbeiterinnen. Für sie, die sich bereits in allen Aufgabenbereichen der Politik, der Verwaltung und der Arbeit engagieren, bedeutet das Wort wohl kaum eine Lobrede: sie bleibt im Haus und spinnt Wolle ... Von den Frauen, die öffentliche Stellen einnehmen, wird verlangt, daß sie ihre Aufgaben in gleicher Weise wie Männer erfüllen. Dabei sollen sie aber noch die Sorgfalt, den Takt und das Feingefühl einbringen, das der Frau zu eigen ist."[23] Hier wird auch von einem Papst deutlich gemacht, daß Frauen überall im Leben ihre weiblichen Eigentümlichkeiten als mütterliches Menschsein einbringen sollten.

Diese Berufung ist jedoch von biologischer Mutterschaft unabhängig: „Mütterlichkeit" darf nicht mit „Mutterschaft" verwechselt werden. Dies hieße allen kinderlosen Frauen, ob verheiratet oder unverheiratet, oder in einem Orden, ihre mütterliche Berufung abzusprechen. Es hieße auch, nun von anderer Seite, eine neue Einseitigkeit zu produzieren: Es wäre zum Schaden der Männer und der Welt, wenn man weiterhin verkennen würde, daß Männer, um ihr wahres Menschsein zu verwirklichen, sich auch als Abbild eines mütterlichen Gottes begreifen müssen. Noch werden solche Versuche von seiten der Männer heute weithin als „unmännlich" diskriminiert.

Aus biologischen Vorgegebenheiten lassen sich keine Normen einfachhin ableiten. In diesem Sinne schreibt Buytendijk: „Die Natur legt nichts fest, schreibt nichts vor und verkündet keine Berufung ... Es ist ein sehr bezeichnender Ausdruck des rationalistisch-technischen Denkens, wenn immer wieder und auf vielfältige Weise die Ansicht proklamiert wird: Weil eine Frau Mutter werden kann, muß sie ‚eigentlich' Mutter sein."[24] Und doch wird entgegen solcher Einsicht immer noch die Ansicht vertreten, man bekomme erst dadurch „echte" Frauen, wenn diese zuerst durch die Schule der Mutterschaft gegangen seien. Solche Ansicht enthält darüber hinaus den Fehlschluß, daß Mütterlichkeit durch Mutterschaft gleichsam automatisch produziert würde. Frauen müssen doch zunächst mütterlich werden, um Mutterschaft bzw. die daraus sich ergebenden Aufgaben übernehmen zu können. Es stimmt nicht, daß biologische Mutterschaft die natürliche Bestimmung jeder Frau ist. Wenn sie diese nämlich „nicht erreicht, wäre sie tief beklagenswert, wenn nicht gerade verachtungswürdig"[25]. Mit solchem Denken stoßen wir wieder auf eine weitere Quelle für die Verachtung von Frauen. Mutterschaft ist also eine biologische Möglichkeit weiblicher Menschen, sie ist nicht ein Produkt von Erziehung. Zur Mütterlichkeit nach dem Gleichnis Gottes (aus der auch der positive Wille zum Kind entspringt) können Menschen jedoch erzogen werden. Um so mehr ist gleichzeitig notwendig, die sozialen Voraussetzungen für eine kinderfreundliche Atmosphäre zu schaffen (Kindergeld, Muttergehalt, Ermöglichung der Rückkehr ins Berufsleben und anderes mehr). Dies würde vielen Frauen helfen, den bei den meisten immer noch tiefen Wunsch nach Kindern zu verwirklichen. Solche politischen Maßnahmen verhindern nicht Mütterlichkeit und Mutterschaft, sie müssen sie als eine Bedingung ihrer Möglichkeit sogar unterstützen. Selbstverständlich ist dies nur eine, wenn auch wichtige, Konkretisierung weiblichen Menschseins. Wir dürfen nicht vergessen, was Buytendijk weiter schreibt: „Mütterlichkeit ist aber eine Seinsweise, eine Weise des In-der-Welt-Seins, eine Daseinsform, die sich aus der Anlage unter dem Einfluß der Welt entwickelt. Wir glauben also nicht, daß Mütterlichkeit angeboren ist. Das Wesen der Mütterlichkeit ist menschlich, geistig allgemein... Noch einmal aber sei betont: das Männliche und das Weibliche kann im Dasein sowohl des Mannes wie der Frau realisiert werden."[26] Seine differenzierte Anlayse faßt er mit folgenden Worten zusammen: „Wie eng der Zusammenhang zwischen Mütterlichkeit und Mutterschaft aber auch sein mag..., so darf uns das doch nicht aufs neue zu der Konstruktion eines absoluten Gegensatzes zwischen den Geschlechtern verleiten ... Wir müssen jetzt mit allem Nachdruck erklären, daß Mütterlichkeit – und man wird uns nicht mißverstehen, wenn wir jetzt einfach von zärtlicher Liebe sprechen – auch beim Mann vorkommt und bei der Frau sehr schwach entwickelt sein kann."[27]

Die Fähigkeit zur Zärtlichkeit und Liebe, das wertvollste, mit dem Wesen der Liebe identische Charisma, muß im Menschen entfaltet werden. Dies hängt von vielen Faktoren ab, besonders aber von den Erfahrungen, die ein Kind mit der eigenen Mutter macht. Alain sagte einmal: „L'amour maternel ... le modèle de tous les amours – die Mutterliebe ist das Modell aller Liebe."[28] Man überließ und überläßt die Ehre dieser Liebe nur zu gern den Frauen. Wenn Männer jedoch diese Liebe gleichsam als Mythos der Mütterlichkeit feiern und sich selbst von dieser Haltung wahrer Menschlichkeit dispensieren, um sich Funktionen, die Macht und Prestige bringen, zu reservieren und zu sichern, dann stimmt es mit ihrer Menschlichkeit nicht. Gegen dieses Macht- und Karrierestreben gilt, ich wiederhole es, für alle Menschen die Forderung Jesu: „Wer der Erste sein will, soll der Letzte von allen und der Diener aller sein" (Mk 9,35). Das schon zitierte Pauluswort aus Gal 3,28 macht deutlich, daß unser Menschsein seine gemeinsame Wurzel in der einheitstiftenden Liebe Christi hat, die alle Rollenunterschiede aufhebt: „Es gibt nicht mehr ‚Mann oder Frau', denn ihr alle seid ‚einer' in Christus" (Gal 3,28). Diese Berufung zur Liebe, die von allen Menschen gelebt werden kann und soll, bedeutet letztlich die Befreiung von allen falschen Normen und Ideologien: „Zur Freiheit hat Christus uns befreit ... Laßt euch nicht von neuem das Joch der Knechtschaft auflegen!" (Gal 5,1).

Hier liegt die Möglichkeit einer wirklichen Emanzipation (Befreiung), die im Vollzug der Liebe erfahren wird. Meist ist das intuitive Wissen um die Liebe als die Möglichkeit menschlicher Selbstverwirklichung bei Frauen ausgeprägter vorhanden. Der russische Dichter Jewgenij Jewtuschenko bringt dies in einer seiner Novellen sehr schlicht zum Ausdruck. Er läßt ein achtjähriges Mädchen sagen: „Ich will deine Frau sein." Der angesprochene Mann antwortet: „Was heißt das, eine Frau zu sein?" – „Das heißt: sehr lieben." – „Und was heißt das, sehr lieben?" – „Das heißt: machen, daß du es immer gut hast, daß du nicht allein bist, auch wenn du allein bist."[29] Gott wird hier in der Art, wie von der Liebe der Frau gesprochen wird, transparent. Dieses Gespräch ist wie ein Zeichen seiner eigenen Haltung der Liebe, einfach immer bei uns zu sein.

Wie sehr das Schicksal der Welt von den Frauen abhängt, mag vielleicht daran deutlich werden, daß Sünde und Erlösung sowohl im Bild Adams und Christi als auch im Bild von Eva und Maria auftauchen. Die zwei großen Augenblicke des Sündenfalls und der Verkündigung machen die Schlüsselstellung der Frau deutlich, die sie als Partnerin hat. In beiden Fällen verhandelt eine Frau mit einem Engel. Das Ja zum abgefallenen Engel bzw. das Ja zum Engel im Dienste Gottes wurde, das ist der tiefere heilsgeschichtliche Sinn dieser Erzählungen, auch zu einer Wende der Menschheitsgeschichte. Wenn Frauen fähig sind, von Gott beschenkt (begnadet) zu lieben, wie er uns liebt, verwirklichen sie gleichzeitig eine doppelte Sendung: Leitbild des Menschseins überhaupt und Hilfe an Gottes Statt zu sein. Diese Aufgabe kann Gott nur solcher Liebe in Partnerschaft mit ihm und mit den Mitmenschen anvertrauen. Das Sinnbild dafür sind die drei Marien, die unter dem Kreuze standen.

Frauen im Gefolge Jesu

Bei dem Kreuz Jesu standen seine Mutter und die Schwester seiner Mutter, Maria, die Frau des Klopas, und Maria Magdalena" (Joh 19,25): Drei Marien – Sinnbilder und Transparenz des Wirkens göttlicher Liebe; Menschen im Dienst am leiblichen, sittlichen und göttlichen Leben der Menschheit.

„Siehe, deine Mutter!" Diese Weisung Jesu an Johannes wird zum Symbol aller Dienste mütterlicher Liebe. Beim Tod Jesu, als Opfer größter Unmenschlichkeit, standen Frauen als Verkörperung der Menschlichkeit unter seinem Kreuz. Von den Aposteln war nach dem Bericht des Evangeliums nur Johannes anwesend. Von der Krippe bis zum Kreuz, von seiner Geburt bis nach seiner Auferstehung waren jedoch Frauen die treuesten Begleiterinnen seines Schicksals und Wirkens: Treue ist bewährte Liebe.

Jede echte menschliche Liebe ist ein Echo auf die göttliche Liebe. So begegnen uns immer wieder Frauen im Leben Jesu, die seine Liebe verstanden und sie ihm und den Mitmenschen erwidert haben. Ich möchte hier nur ein paar Beispiele für die Bedeutung der Frauen im Neuen Testament und Leben Jesu geben. Beginnen wir mit Elisabet. In ihr fand Maria die erste Vertraute, die mit ihr an das Geheimnis der Menschwerdung Gottes glaubte. Dann Hanna: Der alte Simeon pries Gott für das Heil und Licht der Welt, als er Jesus in seinen Armen hielt. Aber von der über 80jährigen Witwe und Prophetin Hanna wird gesagt, daß sie auch zur Verkünderin dieser Botschaft wurde: „Sie pries Gott und sprach über das Kind zu allen, die auf die Erlösung Jerusalems warteten" (Lk 2,38).

Für die damalige Zeit war es unvorstellbar und provokativ, wie Jesus schließlich, als er seine Sendung wahrnahm, durch sein konkretes Verhalten die freilich in der Schöpfungsordnung begründete Würde der Frau als Mensch und Person in der Welt zur Geltung brachte. Hanna Wolff interpretiert dies aus tiefenpsychologischer Sicht: „Jesus ist der erste Mann, der die Androzentrik der antiken Welt durchbrochen hat. Die Despotie der nur männlichen Werte ist abgesetzt. Jesus ist der erste, der die Solidarität der Männer gesprengt hat, d.h. der nicht-integrierten Männer, ihre antifeminine und animose Haltung."[30]

Fest steht, daß das Verhalten Jesu den Frauen gegenüber nicht den patriarchalen Normen der damaligen Gesellschaft entsprach. Von Lukas erfahren wir, daß er, der sich selbst einen „Rabbi" nannte, Frauen in seinem Gefolge hatte: „Die Zwölf begleiteten ihn, außerdem einige Frauen, die er von bösen Geistern und Krankheiten geheilt hatte: Maria Magdalena..., Johanna, die Frau des Chuzas, eines Beamten des Herodes, Susanna und viele andere" (Lk 8,1ff.). Wie schockiert waren die Juden, daß ein Rabbi sich von Frauen auf seinem Weg durch das Land begleiten ließ. Frauen galten nicht als gleichwertig. Und frauenfeindliche Sätze existieren auch in der jüdischen Tradition.

Ein weiterer Verstoß gegen die damaligen Normen läßt sich auch im Verhalten Jesu gegenüber Maria, der Schwester von Marta, ablesen. Er lehrte eine Frau. Dies war für die damalige jüdische Gesellschaft undenkbar. Vielleicht lag deshalb in dem Vorwurf der Marta auch eine indirekte Kritik an Jesus und nicht nur an ihrer Schwester Maria. Die Schriftgelehrten sagten, wenn ein junger Mann die Tora studiere, dann habe er „den besten Teil erwählt". Dies gilt bei Jesus auch für die Frau.

Bei der Begegnung mit der Samariterin am Jakobsbrunnen, geradezu das Modell einer fruchtbaren Begegnung mit Jesus Christus, werden gleich vier Tabus gebrochen. Eines nennt die Samariterin selbst: Wie kann ein Jude eigentlich mit einer Angehörigen eines verfeindeten Volkes Kontakt aufnehmen? Das zweite Tabu: Ein Mann durfte eine fremde Frau überhaupt nicht ansprechen. Das dritte: Diese Frau war öffentlich geächtet. Dies konnte Jesus sofort daraus schließen, weil diese Frau in der größten Hitze zwei Kilometer bis zum Brunnen vor Samaria gegangen ist: denn in der kühlen Abenddämmerung durfte sie mit den anderen Frauen nicht kommen. Das vierte Tabu: Die Samariterin lebte schon mit dem sechsten Partner zusammen, der nicht ihr Mann war. Eine Frau durfte außerdem nach damaligem Gesetz höchstens fünfmal durch einen Scheidebrief entlassen werden. Mit dieser Frau also führte Jesus ein religiöses Gespräch. Ihr offenbarte er sich als der Messias. Er erkannte sie als ehrlich Suchende, die durch ihn nun an die richtige Quelle geführt werden konnte. Er selbst zeigte sich ihr als der, der ihren Durst nach Leben und Liebe stillen wollte.

Besonders in dieser Begegnung wird deutlich, daß Jesus das Schicksal der Frauen in einer patriarchalischen Welt kannte, in der sie weithin ein fast rechtloses Objekt der Männer waren. Diese Frauen brauchten die Erlösung. Wer hätte der Befreiung zum wahren Menschsein durch „die Wiederherstellung des Ebenbildes Gottes" (Solowjew) mehr bedurft? Um so wichtiger für uns alle, daß von ihnen nicht überliefert ist, daß sie von Jesus konkrete Macht erwartet hätten. Viele Männer dagegen, sogar die Apostel, suchten in Jesus, noch vor seiner Himmelfahrt, einen politischen Messias, der ihnen Anteil an seiner Macht und die Erfüllung ihrer recht irdischen Ziele gewähren sollte. Im Verhalten der Frauen aber wird deutlich, daß gerade sie das Geheimnis der Liebe als Berufung des Menschen verstanden. Sie gingen mit ihm bis zum Tod am Kreuz und nahmen ihn und damit auch seine von ihm geschenkte Befreiung dankbar an. Ich will auch ausdrücklich daran erinnern, daß uns außer dem in der Tradition so hoch bewerteten Messiasbekenntnis des Petrus nur noch das Messiasbekenntnis einer Frau überliefert ist. Marta von Betanien bekannte ihren Glauben an ihn als den Sohn Gottes: „Ja, Herr, ich glaube, daß du der Messias bist, der Sohn Gottes, der in die Welt kommen soll" (Joh 11,27).

Frauen in der Gemeinschaft der Kirche

Als erste Zeugen seiner Auferstehung hat Christus Frauen erwählt. So überliefern es die Evangelien. Es waren Frauen, die damals gerade nicht als zeugnisfähig galten und deren Botschaften die Apostel zunächst als weibliches „Geschwätz" nicht annahmen (Lk 24,11). Die Tatsache, daß Maria von Magdala und die Frauen als erste Zeugen der Auferstehung zu den Aposteln gesandt wurden, hat man in der Frühzeit der Kirche noch staunend akzeptiert. „Eva wird zum Apostel. Gottes Apostel werden die Frauen", schreibt Hippolyt von Rom († 235). „Der Heilige Geist macht Magdalena zur Apostolin der Apostel", sagt auch Augustinus († 430). Und Bernhard von Clairvaux († 1153) unterstreicht: „Vom Engel gesandt, vollbringen sie das Werk eines Evangelisten. Sie werden Apostolinnen der Apostel, denn sie eilen in der Frühe, das Heil des Herrn zu künden."[31] Für die antike Welt war dieses neue Selbstverständnis der Frauen, ihre Stellung und Aufgaben in der frühen Kirche ein unverständliches Phänomen. Das Leben und Aufblühen der jungen Kirche aber ist ohne sie nicht denkbar. Dies wird in den Briefen des Völkerapostels Paulus deutlich: Die Hälfte der Namen, die er z. B. in seinen Grußworten am Schluß des Römerbriefes erwähnt, sind Namen von Frauen (Röm 16,1ff.). Unter ihnen wird Phöbe genannt, die „Diakonin in Kenchreä". Paulus bezeichnet sie auch als „Vorsteherin" (prostatis), weil sie eine leitende Funktion hatte, bei der sie amtlich als Beschützerin oder als Führerin „vor anderen steht"[32]. An diesen Beispielen zeigt sich die verantwortliche Stellung von Frauen in der entstehenden Kirche. Doch in der Welt eines „Bewußtseinspatriarchats", im Römischen Reich, wo Frauen nicht rechtsfähig waren und deshalb auch keine Ämter übernehmen konnten, hat die Kirche dieses neue Frauenbild nicht durchsetzen können. Sowohl das Übergewicht der Umwelt wie das Befangensein der Kirchenväter in der patriarchalischen Bewußtseinsstufe der antiken Welt verhinderten diesen grundsätzlichen Durchbruch, dessen Möglichkeit Jesus selbst im Rahmen seines Wirkens deutlich vorgezeichnet hatte.

Zunächst aber folgte die junge Kirche ihm. Sie hat sich am Anfang selbst richtig verstanden, wenn sie ihre Wirklichkeit im Bild eines Organismus begreift, dem nur rein hierarchische Einteilungen von „oben – unten", die gleichzeitig bewerten, nicht gerecht werden (vgl. auch 1 Kor

12ff.). Denn jeder Organismus ist behindert, soweit die Eigeninitiative eines Gliedes ausfällt. Wenn man sich überlegt, wie Laien deshalb bisher viele ihrer durch die Gaben der Charismen ihnen vor-gegebenen Aufgaben in diesem Organismus nicht recht erfüllen konnten, dann versteht man auch, warum heute von vielen die Kirche der vergangenen Jahrhunderte als ein in seinen Gliedern sehr behinderter Leib gesehen wird. Die Urkirche sah mit Paulus noch richtig, daß jedes Glied an seinem Platz notwendig und wichtig ist (vgl. 1 Kor 12 – 14). Natürlich gibt es die Charismen jener, die das Amt innehaben in der Kirche. Aber sie bleiben verwiesen auf die Verbindung mit allen anderen Charismen, die den Gläubigen, welche die gleiche Taufe und Firmung empfangen, vom Heiligen Geist gegeben werden, damit sie auch wirklich zum Engagement, zur Entfaltung kommen. Nur so kann die Kirche als ganzes ihre Aufgabe als Licht der Welt erfüllen.

Historisch bildete sich aber nach der ersten Blütezeit der Kirche eine scharfe Trennung zwischen Laien und Klerikern heraus. Nach der „konstantinischen Wende" wurde das so lange angefeindete Christentum immer mehr zur Staatsreligion und dadurch die Nichtchristen zu einer unterdrückten Minderheit. Die Christianisierung freilich blieb weithin an der Oberfläche. Die Strukturen der Gesellschaft änderten sich kaum. Hierarchisch-patriarchale Strukturen wurden beherrschend auch in der Kirche. Auf der anderen Seite wollte sich die Kirche – aus heutiger Sicht nicht mit den richtigen Mitteln – vor unchristlichen Einflüssen schützen, dies auch z.B. durch die Unterordnung von Laien unter die geistig gebildeten Kleriker. Die Trennung der beiden Gruppen wurde im liturgischen Raum der Kirche sichtbar: im Chor die Kleriker, im Kirchenschiff die Gläubigen. Diese Schranke wurde noch augenfälliger durch den Lettner, der beide voneinander fast isolierte. So werden Denkweisen und Vorurteile in einem oft nicht reflektierten und unbewußten Handeln sichtbar. Im allgemeinen repräsentierte der Klerus die höhere Qualität der Kirche. Die Angehörigen dieses Standes waren die „Geistlichen", die anderen waren mehr oder weniger „nur" die „Weltlichen". Diese Spaltung bedeutete in der Praxis natürlich, daß die einen die bestimmenden Kräfte waren, die anderen aber nur hören und gehorchen sollten. Letzteres galt in besonderer Weise für die Frauen, die ihrerseits den männlichen Laien noch nach- oder untergeordnet waren. Gegen solche Praxis gab es zwar auch in der Geschichte immer wieder Widerspruch, von einigen Mystikerinnen ebenso wie von vielen heute vergessenen Männern und Frauen. Er kam jedoch geschichtlich in der gesellschaftlichen Wirklichkeit der Kirche nicht zum Tragen.

Heute will sich die Kirche wieder an der biblischen Grundskizze ihrer Gestalt und Sendung orientieren, gerade unter der Perspektive ihres Weges in die Zukunft und ihrer Aufgaben an der heutigen Welt. Dies war eine Grundintention des Zweiten Vatikanischen Konzils. Kirche kann sich immer nur in ihrem Bezug auf die Welt richtig verstehen, wenn jene in den Bildern wie „Licht", „Salz" und „Sauerteig" gemeinten Wirkungen der Kirche auf Welt und Menschheit sich bewahrheiten sollen. Heute wird die Kirche wieder als jener Organismus verstanden, dessen Haupt Christus und dessen Herz der Heilige Geist ist, der durch Taufe und Firmung alle beseelt, und zwar ohne Unterschied des Geschlechts. In diesem Sinn wendet sich das Konzil gegen geschlechtsspezifische Unterscheidungen: „Jede Form von Diskriminierung in den gesellschaftlichen und kulturellen Grundrechten der Person, sei es wegen des Geschlechtes oder der Rasse ..., muß überwunden und beseitigt werden, da sie dem Plan Gottes widerspricht."[33] Diese Forderung der Pastoralkonstitution „Die Kirche in der Welt von heute" ist gewiß noch weit von einer allgemeinen Verwirklichung entfernt. Auch in der Kirche besteht eine Diskrepanz zwischen Theorie und Praxis. Doch sie wird nicht mehr einfach hingenommen, sondern durch Analysen kirchlicher Realität auch ins Bewußtsein gehoben. So formulieren katholische Frauen: „Ein partnerschaftliches Verhältnis von Mann und Frau ist in der Kirche eine weithin noch nicht erreichte Zielvorstellung. Im Denken, Leben und Recht der Kirche herrschen oft noch überholte und dem Evangelium widersprechende Vorstellungen und Leitbilder vom Wesen und der Rolle der Frau vor (vgl. Gemeinsame Synode der deutschen Bistümer: Die pastoralen Dienste in der Gemeinde 3.2, insbesondere 3.2.2). Frauen sind zwar immer noch zahlenmäßig am stärksten in der Kirche zu finden und verantworten aktiv kirchliche Dienste. Aber noch immer sind fast nur Männer in den Leitungs- und Führungsaufgaben vertreten, während Frauen besonders die Hilfsdienste zugewiesen werden. In Beratungs- und Entscheidungsgremien sind Frauen in der Regel nur in kleiner Zahl vertreten. Ihre Mitwirkung in der Kirche wird mehr geduldet als anerkannt und gefördert!"[34] Diese Feststellungen von 1979 haben auch heute noch Gültigkeit. Die Spielregeln der Praxis widersprechen vielfach den Dokumenten des Konzils, der Synode oder den Bestimmungen des Kirchenrechts. Unter dem Stichwort „Laien" wird grundsätzlich von der Rechtsgleichheit von Männern und Frauen ausgegangen. Sie haben die gleiche Würde und Sendung. Der Begriff „Laien" umschließt immer Männer und Frauen ohne Bevorzugung oder Hintansetzung.

Gerade die Intentionen der Konzilsaussagen und die daran anknüpfende Stellungnahme der Deutschen Bischofskonferenz zu „Fragen der Stellung der Frau in Kirche und Gesellschaft" sind in dieser Hinsicht noch aufzuarbeiten und praktisch umzusetzen, damit sich ein allgemeiner Bewußtseinswandel vollziehen kann. Denn heute werden vielfach noch diejenigen beanstandet, die sich im Sinne kirchlicher Aussagen für die Frauen einsetzen. Doch lassen sich die Äußerungen des Konzils bezüglich ihrer „Autorität" kaum überbieten. Im Laiendekret heißt es: „Da heute die Frauen eine immer aktivere Funktion im ganzen Leben der Gesellschaft ausüben, ist es von großer Wichtigkeit, daß sie auch in den verschiedenen Bereichen des Apostolates der Kirche wachsenden Anteil erhalten."[35] Solche Forderungen werden immer wieder aufgenommen. So betonte Paul VI. 1975 vor dem „Komitee für das Internationale Jahr der Frau", es sei höchst wichtig, „überall dafür zu sorgen, daß die Rechte und Vorrechte aller Frauen gesehen, geachtet und geschützt würden, ob sie nun ehelos oder verheiratet seien, ob sie als Erzieherinnen oder in anderer Weise berufstätig sind." Und er fügt ausdrücklich hinzu: „Das gilt sowohl für das bürgerliche wie für das soziale und religiöse Leben."[36]

Chancen und Aufgaben in der Kirche spezifiziert ein Dokument mit dem Titel „Die Rolle der Frau in der Evangelisierung". Am Beginn steht die grundsätzliche Erklärung, daß die Evangelisierung Aufgabe eines jeden Christen ohne Unterschied des Geschlechts, Alters und Lebensstandes ist. Das Dokument warnt davor, die Aufwertung der Rolle der Frau als Versuch anzusehen, „einen Ausgleich für etwaigen Mangel an männlichem Personal zu finden". Das wäre ökonomisches und untheologisches Denken. Es hätte zur Konsequenz, daß bei einer Änderung der Situation, solche Entwicklungen wieder rückgängig gemacht werden könnten. So schreibt diese Aussage die Irreversibilität des Prozesses fest. Das Dokument gibt auch praktische Hinweise auf Möglichkeiten, die von Frauen, z.B. in der Liturgie, heute schon wahrgenommen werden: „Wie viele

Pfarreien gibt es nicht schon, wo eine Schwester die Verantwortung trägt, am Sonntag und unter der Woche der zur Liturgie versammelten Gemeinschaft vorsteht und sie leitet, wo sie es auf sich nimmt, die Gläubigen zur Erfüllung ihrer Christenpflichten anzuhalten, wenn kein Priester da ist."[37]

Auch in der Verkündigung sollen Frauen stärker zu Wort kommen können. Dies fordert Paul VI., der Ansätze dafür schon in vielen Tätigkeitsfeldern sieht: „Auch in der Kirche und bei der unendlich großen Aufgabe der Glaubensverkündigung sollen die Frauen den menschlichen und geistlichen Reichtum ihrer Natur mehr und mehr einsetzen. Schon jetzt ist die Summe der apostolischen Wirksamkeit der Frau höchst eindrucksvoll überall dort, wo man sich bemüht hat, ihr jene Verantwortungen zu übertragen, die ihr gemäß sind. Das so wichtige Gebiet der religiösen Erziehung und geistlichen Vertiefung, die Vorbereitung auf den Empfang der Sakramente, Unterweisung von Getauften, die so gut wie nichts von ihrem Glauben wissen, Begegnung mit Nichtchristen, Sorge für Arme und Randexistenzen, Mitwirken in der katholischen Aktion, Entdeckung und Förderung geistlicher Berufe, Tätigkeit in katholischen Verbänden, das sind nur einige Tätigkeitsfelder und Arbeitsgebiete, die den christlichen Frauen überall offenstehen."[38]

Was sollte denn noch gesagt werden? Die Frage der bis heute ausgeklammerten Weiheämter wurde in ihrem derzeitigen Status oben bereits dargelegt. Trotzdem ist theoretisch der öffentliche Wirkungsbereich fast unbeschränkt.

Die deutschen Bischöfe fordern auf dem Hintergrund dieser Situation die gleichberechtigte Teilhabe der Frauen an allen Diensten „des gemeinsamen Priestertums" aufgrund von Taufe und Firmung. Dies gilt nicht nur für sozial-caritative Dienste, sondern auch für Aufgaben „in der

Verkündigung, im Religionsunterricht, in der Gemeindekatechese, in Liturgie und in den pastoralen Diensten, in der Jugend- und Erwachsenenbildung, in Forschung und Lehre, an den Hochschulen, wie in der Entwicklungshilfe"[39].

Solche Äußerungen entsprechen der in der Bibel überlieferten Aufgabenstellung. Wir finden dort Zeichen, die die Würde und Gleichwertigkeit von Frauen betonen. Dieses Zeichen personifiziert sich im Alten Testament z.B. in Mirjam, der Schwester des Mose, die zu den „Führern" Israels gezählt wird (Mi 6,4, nach der Zürcher Bibel). Oder in Debora, der Richterin, oder in Judit und Ester, den Retterinnen ihres Volkes. Bei Jesus haben wir gesehen, wie Botschaft und Handeln zeichenhaft zusammenfielen. Solche befreienden biblisch überlieferten Zeichen werden heute gerade von Frauen wieder entdeckt. Hingewiesen sei nur auf den Buchtitel „Frauen entdecken die Bibel"[40]. Und in der kirchlichen Tradition gibt es nicht nur die großen Frauengestalten wie Katharina von Siena, Teresa von Ávila oder Theresia vom Kinde Jesus wiederzuentdecken, sondern auch die schon erwähnte Juliane von Norwich[41]. Wir können uns an Hildegard von Bingen erinnern, die von Bischöfen eingeladen wurde, dem Klerus Predigten zur Reform des priesterlichen Lebens zu halten. Und wir haben oben bereits wichtige Aussagen von Edith Stein zitiert, der am 1. Mai 1987 in Köln seliggesprochenen Karmelitin Teresia Benedicta a Cruce, die sich so früh und mutig für das neue Verständnis und die damit verbundenen Aufgaben der Frau in unserer Zeit engagierte.

Nicht nur die Frauen selbst sind aufgerufen, aktiv zu werden und ihre Möglichkeiten wahrzunehmen. Auch die pastorale Seite ist betroffen. Pastorale Bemühungen müssen darauf zielen, daß – kritische – Frauen sich in der Kirche verstanden, angenommen und nicht im vorhinein diskriminiert oder verurteilt fühlen. Wo gibt es aber die Fülle des Angebots für Begegnungen in und mit der Kirche, durch die sich Frauen mit der Kirche und ihren Wegen des Menschseins in Christus identifizieren können? Diese personalen Beziehungen sind äußerst wichtig. Ausführliche Aussagen von Frauen, die sich der Frage stellen, wie sie bis heute weithin ihre Identität im Glauben und in der Kirche gefunden haben, ergaben: Dies geschah im wesentlichen in Gemeinschaft mit anderen, z. B. in der Familie, in Jugendgruppen, in der Ehe und auch durch Gemeinschaften innerhalb der Kirche bzw. der Pfarrgemeinde. Aus dieser Situation ergibt sich für eine Frauenpastoral die Konsequenz, stärker zielgruppenorientiert zu arbeiten. Erst so können die spezifischen Probleme von Frauen auch in der Pastoral angemessen in den Blick kommen und aufgenommen werden.

Die Kirche muß auch Lebens- und Glaubensraum für Frauen sein, denn der Weg des Menschen ist Christus. Er wird durch die Kirche vermittelt, und in der Kirche und mit ihr soll die Frau ihren Weg als Mensch und Frau in ihren unterschiedlichen Rollen und Aufgaben finden können. Frauen sollten in der Kirche Frauen begegnen können, die ihre Identität in den verschiedenen Rollen der Lebensgestaltung christlicher Grundüberzeugung schon gefunden haben. Diese Begegnung kann nicht durch Predigten oder Vorträge ersetzt werden. Dazu sind im Glauben der Kirche sich orientierende Gruppen notwendig. Der Seelsorger ist für bestimmte Situationen wichtig, er kann aber niemals Ersatz für kirchliche Gemeinschaften sein. In ihnen liegt die Chance, sich der Kirche anzunähern und sich mit Ihrer Sendung identifizieren zu können. In ihnen kann Gemeinschaft erfahren und im Dialog mit anderen Menschen, die ähnliche Fragen haben, in vergleichbaren Situationen leben und ihre Aufgaben mit Christus zu bewältigen versuchen, auch die eigene persönliche Identität entdeckt werden.

Wir haben in anderem Zusammenhang gesehen: Das Wort „Mutter" kann unterschiedliche Inhalte und Bedeutungen haben. Die Begriffe „Mutter" und „mütterlich" sind nicht an die biologische Bedeutung gebunden. Welcher Klang und Zauber schwingt in dem Wort Mutter mit, dem selbst die dichterische Sprache oft nicht gewachsen war. In ihm ist wesentlich mehr als die Verherrlichung der biologischen Mutterschaft ausgedrückt.

Im Symbolgehalt der Worte verhüllen sich viel höhere, unsichtbare Wirklichkeiten, wie sich auch Jesus Christus, der Sohn Gottes, bei seiner Menschwerdung in der Gestalt des Zimmermannssohnes von Nazaret entäußert und verhüllt hat. Darum sagt Saint-Exupéry: „Das Wesentliche ist für die Augen unsichtbar." Wenn wir das eigentliche Geheimnis der Worte Mutter und Mütterlichkeit in seiner spirituellen Dimension begreifen wollen, müssen wir uns zuerst darüber klar werden, welche Sinngehalte jeweils in unserer Sprache zu finden sind. Ich möchte mich hier den einfachen Überlegungen von Alphonse Gratry anschließen, der uns den zweifachen Sinngehalt der Sprache in Erinnerung ruft: „Die Sprache hat, so sagen die Theologen, zwei Sinne, den buchstäblichen und den geistlichen Sinn; den unmittelbar gegebenen Sinn und den verborgenen Sinn; den gemeinsamen Sinn und den erhabenen Sinn. Die zwei Sinne finden sich mehr oder weniger in jeder wahren Sprache wieder, denn jedes Wort ist eine Art Fleischwerdung der Vernunft. Will man das unvergleichliche Vorbild einer Sprache kennenlernen, die immer zwei Sinne in sich enthält, so muß man das Evangelium öffnen, das Evangelium, das der heilige Augustinus einen anderen Leib Christi nennt."[42]

Die symbolgefüllte Sprache der Bibel oder der Worte Jesu wird zerstört, wenn man ihren doppelten Sinn nicht versteht. Darin liegt geradezu ihr eigentlicher Inhalt. Dies ist wichtig, denn schnell geschehen gerade auch im alltäglichen Sprachgebrauch – wie eben auch beim Wort Mutter – Verwechslungen. Doch wir könnten weite Passagen der biblischen Sprache nicht verstehen, wenn wir uns nicht diesen Symbolgehalt der Worte erschließen würden. Solche Schlüsselworte, die Realität ausdrücken und Symbol sind, sind z.B. Baum, Frucht, Wasser, Weg, Licht, Schlange. Gratry zieht den Schluß: „Die Worte haben also einen doppelten Sinn: einen engen, relativen, prosaischen und einen unermeßlichen, absoluten, poetischen. Und zwar aus keinem anderen Grund als dem, daß auch alle Wesen einen doppelten Sinn haben: einen, durch den sie sich als das bezeichnen, was sie heute, gerade jetzt sind, vergänglich, relativ und begrenzt; einen anderen aber, durch den sie die unwandelbare Idee Gottes bezeichnen, deren unvollkommene Zeichen, deren engerer Name sie sind."[43]

Auf solchem Hintergrund können wir den ganzen Inhalt nicht nur des Begriffs „Mutter" besser erschließen, sondern auch die von Gott gemeinte umfassendere Realität. Wenn wir nun fragen, was die Rede von der „Kirche als Mutter" bedeuten kann, dann müssen wir davon ausgehen, daß rein poetische und unverbindliche Auslegungen biblischer Bilder und Begriffe die dahinter liegende Realität nicht treffen. Sie werden der Methode Gottes, uns auf diese Weise seine Geheimnisse zu offenbaren, nicht gerecht.

Welches ist der Hintergrund, mit dem sich das Bild „Kirche als Mutter" erklären läßt? Wir können uns dabei auf die exemplarischen Gestalten von Eva und Maria (der neuen Eva) konzentrieren. Eva wird zwar nach dem Sündenfall noch die „Mutter aller Lebendigen" (Gen 3,20) genannt, obwohl nun alle Menschen sterben müssen. Deshalb kann ihre Mutterschaft nur noch als biologische Mutterschaft verstanden werden. Wie könnte sie jetzt noch eine Hilfe an

Gottes Statt sein, wenn dieser Gott, wie Jesus einmal betonen wird, doch „ein Gott der Lebendigen" ist. Diese Frage verweist uns auf die „zweite Eva", auf Maria.

Wir können hier nicht auf die lange Deutungsgeschichte eingehen, die, ausgehend von den Gestalten Evas und Marias, etwa das Bild der „sündigen" oder der „reinen" Frau in die weiblichen Menschen projizierte, die nicht selten zwischen diesen beiden Polen zerrieben wurden. Um solche Gegensätze kann es hier nicht gehen. Maria und Eva bleiben auch positiv aufeinander verwiesen. In Jesus Christus kam das wahre und ewige Leben in die Welt. Und Maria, seine Mutter, wurde deshalb zur Mutter aller Lebendigen. Das Geheimnis der Erlösung weist auf sie als die Hilfe, die der Not einer der Sünde und dem Tod ausgelieferten Menschheit entspricht. Das Wort Jesu am Kreuz, das er zu Johannes sagte: „Siehe, deine Mutter" (Joh 19,27), ist die einzige Stelle, an der er Maria ausdrücklich als Mutter bezeichnet. Damit kann nicht nur der Auftrag an Johannes gemeint sein, nun für Maria zu sorgen. Denn dieses Wort ebenso wie jenes an Maria – „Frau, siehe dein Sohn" – zeigt vor allem die umgekehrte Beziehungsrichtung an: Maria als „Mutter" von Johannes, der hier stellvertretend für uns alle steht. Maria ist weder Johannes noch sonst einem von uns im biologischen Sinn Mutter geworden. Hier steht das Geheimnis der geistlichen Mutterschaft über der Wirklichkeit der leiblichen, die kein göttliches, sondern nur noch ein unvollkommenes, durch den Tod begrenztes Leben schenken kann.

Eva hatte die Berufung zu einer doppelten Mutterschaft verloren. Maria war ganz und gar offen zu Gott. Mit ihr, der Mutter seines Sohnes, schenkt Gott uns die neue Eva, die von ihm schon immer gemeinte Mutter, die durch Weitergabe des göttlichen Lebens die schöpferische Liebe Gottes mitvollziehen darf. Die Aufgabe dieser Mutterschaft darf die Kirche als unsere Mutter, wie sie sich selber versteht und nennt, fortsetzen. Sie macht dies augenfällig deutlich im Zeichen der Taufe. Der Taufbrunnen ist Symbol für den „Mutterschoß" der Kirche. Jesus Christus selbst ist aus dem Schoße seines Vaters in Ewigkeit gezeugt. Er „hat uns durch Jesus Christus zur Kindschaft in ihm vorbestimmt" (Eph 1,5). Diese Kindschaft empfangen wir durch die Taufe aus dem Mutterschoß der Kirche. Im „Mutterschoß" Gottes finden wir das Urbild und die Quelle jeder Mutterschaft, für die Evas ebenso wie für die Marias und der Kirche. Jede ist in ihrer Art Symbol und Teilhabe an der „Mutterschaft" Gottes, die mit seiner Vaterschaft unlösbar verbunden ist.

Begriffe und Symbole, die wir auf die Kirche und das Christsein anwenden, wie etwa „Braut Christi", „Mutter Christi" oder „unsere Mutter", sind nur in einem solch doppelten Sprachsinn zu verstehen. So erschließen sich uns auch die von Paulus zitierten Worte des Alten Testaments: „Freu dich, du Unfruchtbare, die nie geboren hat, brich in Jubel aus und jauchze, die du nie in Wehen lagst! Denn viele Kinder hat die Einsame, mehr als die Vermählte" (Gal 4,27). In diesem Sinne gilt von jedem Getauften: Christsein bedeutet immer wahrhaft mütterliches Menschsein (unsere apostolische Berufung).

Das Paulus-Wort, das die neue Einheit von Männern und Frauen in Christus zum Ausdruck bringt (vgl. Gal 3,28), gilt auch für die Kirche. Darum nehmen alle Christen an der Sendung der „Mutter Kirche" teil. Die Sendung der Christen ist, wie das Konzil sagte, die „Teilnahme an der Sendung der Kirche selbst"[44]. Solche Teilhabe bleibt immer verwiesen auf den letzten Urgrund der Welt, auf das Geheimnis: „Gott ist die Liebe" (1 Joh 4,16b). Leibliche und geistige Mutterschaft bezeugen letztlich die Partnerschaft mit Gott in der Teilhabe und im Mitvollzug dieser

Liebe. Durch sie ist nicht nur Gott, sondern jeder Mensch mütterlich, der nicht durch sündhaftes Getrenntsein von Gott das „Charisma" (den Geist der Liebe) verloren hat. Im Verlust der Liebe verkommt die Welt zu einer vaterlosen und mutterlosen Gesellschaft. Man sollte wegen dieses Elends nicht abstrakte Strukturen anklagen, es sei denn, man sieht, daß diese Strukturen schon von menschlichen Einstellungen geschaffen wurden, wie dies im Patriarchalismus geschah. Machen wir uns nochmals bewußt, daß alle Getauften Glieder des Leibes Christi, seiner Kirche, also Glieder der Mutter Kirche sind. Sie ist der geistliche Mutterschoß der Welt. Wir sind berufen, als Kirche, als Zeugen (Leben zeugen) Christi Liebe und sein Leben den Menschen weiterzuschenken. Darum schrieb Henri de Lubac: „Die einzige Sendung der Kirche ist, Christus zu vergegenwärtigen. Allen muß sie ihn zeigen, allen muß sie ihn verkünden und geben ... Was die Kirche für uns ist, muß sie durch uns für andere sein."[45] Das ist ihre mütterliche Aufgabe. Wie recht hat also Buytendijk mit seiner Feststellung: „Das Wesen der Mütterlichkeit ist menschlich, geistig, allgemein." Jeder, der liebt wie der Vater seinen Sohn und wie der Sohn uns Menschen, verwirklicht diese Mütterlichkeit – das Wesen wahrer Menschlichkeit. Einen besseren Humanismus zu schaffen vermögen alle sonstigen Theorien und Ideologien nicht. Wenn die Kirche sich im Bild der Mutter versteht, und wenn Maria der Typus der Kirche ist – müßten und sollten aber dann nicht die mütterlichen Aufgaben der Kirche auch in besonderer Weise von Frauen wahrgenommen werden? Sind nicht gerade sie Partnerinnen der mütterlichen Liebe Gottes? Die Kirche hat nie in Frage gestellt, daß Männer verantwortlich Aufgaben der Kirche als Mutter auf umfassende Weise erfüllen können. Vielleicht haben sie es nicht immer „mütterlich" genug getan? Es soll nicht geleugnet werden, daß

Männer „mütterlich", d.h. echt menschlich sein können und es auch müssen. Die Frage aber bleibt: Hätten nicht gläubige Frauen manche Züge einer mütterlichen Kirche überzeugender zum Ausdruck bringen können, wenn man ihnen schon länger den weiten Bereich aller pastoralen Aufgaben eröffnet hätte?

4. Kapitel

„Halbierter" Mann oder ganzer Mensch?

Wir haben uns klar gemacht, daß die Spaltung der lebensnotwendigen Ureinheit, Gott und Mensch, zur Wurzel aller Spaltungen wurde. Von diesem Prozeß sind auch die polaren Gegensatzpaare im Menschen, die eine organische Einheit bilden sollten, betroffen worden. Gegen dieses Urübel des Bösen richtet sich das Wort Jesu: „Was Gott verbunden hat, das darf der Mensch nicht trennen" (Mt 19,6). Ein Ausdruck dieses Grundkonflikts ist die Geschlechterfeindschaft: „männlich gegen weiblich". Aus einer Anziehung der Geschlechter scheint immer mehr ein Dauerkonflikt zu werden, der sich in einer gewissen Haßliebe äußert. Diese verhindert nicht eine triebhafte Annäherung der Geschlechter im rein sinnlich-erotischen Bereich. Dostojewski vertrat schon die Auffassung: „Verlieben kann man sich auch in jemand, den man haßt". Die auf Ergänzung und Ganzheit zielende Polarität der Geschlechter kommt dadurch nicht zustande. Die daraus folgenden Trennungen (deren augenfälligste gesellschaftliche Erscheinung die ständig steigende Ehescheidungsrate ist) zeigen, daß nicht Polarität, sondern Widersprüche die Partner entzweien.

In den gestörten Beziehungen zwischen Männern und Frauen werden beide Geschlechter – auf welche Weise auch immer – in ihrem ursprünglich ganzheitlichen polaren Menschsein verwundet.

Wir haben gesehen: Soweit die Männer die Macht hatten, haben sie die Minderwertigkeit den Frauen zudiktiert, die eigenen verdorbenen Züge ihres Menschseins auf das „unterlegene" Geschlecht projiziert und eigene Gefühle der Minderwertigkeit verdrängt. Hier stellt sich ein psychologisches Problem, dessen Lösung ebenso dringlich ist wie die Lösung der Frauenfrage in ihrer sozialen und politischen Dimension.

Es geht heute nicht nur um eine wahre Befreiung (Emanzipation) und „Promotion" der Frau. Genauso wichtig, wenn nicht noch notwendiger ist die Befreiung (Emanzipation) des Mannes zu seinem ganzen Menschsein. Die Unterdrückung seiner weiblichen Komponenten (anima) macht ihn zum „halbierten" Mann. So hat man, recht eindrücklich, den um sein Menschsein betrogenen Mann genannt. Ich wiederhole: wie es kein oben ohne unten, kein rechts ohne links gibt, so gibt es kein ganzes Menschsein des Mannes ohne das ganze Menschsein der Frau, kein heiles Menschsein, ohne daß jedes Geschlecht jeweils den Gegenpol, sei es des Weiblichen oder des Männlichen, im eigenen Leben integriert.

Im Bezug auf die Menschwerdung Christi, die wir theologisch als Neugeburt des Menschseins überhaupt verstehen, und auf dem Hintergrund der Tatsache, daß damit der vollkommene Mensch auf die Erde kam, läßt sich die psychologische Aussage C. G. Jungs verstehen: „Das psychologische ‚Verdienst' (besser: die Bedeutung) Christi besteht darin, daß er als ein ‚Erstling' das Vorbild des ‚teleios', des integralen Menschen, darstellt."[1]

Jesus kann man in diesem Sinne also als den ersten Mann der Weltgeschichte bezeichnen, der seine „anima" (d.h.: weibliche Komponente) voll integriert hat. Er war in seiner psychischen Konstitution ganzheitlich. Dafür war, theologisch gesprochen, sein Einssein mit Gott, seinem Vater, der Urgrund. Jesus konnte sagen: „Wer mich sieht, sieht den Vater" (vgl. Joh 14,9). Der Sohn als Spiegelbild Gottes, der das ewige Urbild der polaren Einheit von „Männlich-Weiblich" ist, kann also nach seiner Menschwerdung nur ein integraler, ein ganzer bzw. heiler (heiliger) Mensch sein. Die lebensnotwendige Ureinheit von Gott und Mensch ist im „Erstgeborenen der ganzen Schöpfung" (Kol 1,15) wiederhergestellt, im Gott-Menschen Jesus Christus. Ist es ein Zufall, daß wir nie vom „Mann Jesus Christus" sprechen? Das immer nur unvollkommen an fehlerhaften Menschen sichtbare Bild des Mannes deckt sich noch nicht mit dem Mann, der wie Christus zugleich ein ganzer Mensch als Abbild Gottes wäre. Deshalb ist die Nachfolge Christi für Mann und Frau der einzige Weg zu einem integrierten Menschsein. Edith Stein schreibt über diesen Weg der Menschwerdung des Christen: „Je weiter er auf diesem Weg voranschreitet, desto mehr wird er Christus ähnlich werden, und da Christus das Ideal menschlicher Vollkommenheit verkörpert, in dem alle Mängel und Einseitigkeiten aufgehoben, die Vorzüge der männlichen und weiblichen Natur vereint, die Schwächen getilgt sind, werden seine getreuen Nachfolger gleichfalls mehr und mehr über die Grenzen der Natur hinausgehoben werden. Darum sehen wir bei heiligen Männern weibliche Zartheit und Güte und wahrhaft mütterliche Fürsorge für die Seelen, bei heiligen Frauen männliche Kühnheit, Festigkeit und Entschlossenheit."[2]

Es ist nicht leicht, die ganze Bandbreite des gestörten Menschseins des Mannes darzulegen. Einige Beispiele und Analysen sollen uns dabei helfen, solche konkreten Erscheinungen an Menschen, die uns täglich begegnen, immer besser beurteilen zu können. Erinnern wir uns dazu wieder an einige für unseren Zusammenhang wichtige polare Gegensatzpaare: Yang – Yin; männlich – weiblich;

Verstand – Gefühl; rational – intuitiv; gestaltend – bewahrend; zugreifend – empfangend. Dies sind Haltungen, die jeweils dem einen Geschlecht mehr zu liegen scheinen, obwohl es auch hier große Unterschiede bis hin zur Umkehrung geben kann. Unser Interesse gilt aber den von Männern meist zu erwartenden Verhaltensweisen: Was wird aus ihnen unter negativen Vorzeichen?

Buytendijk nennt zwei grundsätzlich bei Männern bzw. Frauen verschieden ausgeprägte Verhaltensweisen, die den genannten Eigenschaften gut zugeordnet werden können. Er unterscheidet den „Modus weiblichen Menschseins als Sorgend-in-der-Welt-Sein" und den „Modus männlichen Menschseins als Arbeitend-in-der-Welt-Sein". Unsere Alltagserfahrung zeigt, daß z.B. Arbeiten, schöpferisches Gestalten, Zugreifen, logisches und abstraktes Denken, sachbezogenes und unpersönliches Vorgehen besonders von Männern bevorzugte Verhaltensweisen sind. Bei Frauen dagegen finden wir in der Regel ein mehr an Personen interessiertes, gefühlsgebundenes, intuitives, empfangendes und bewahrendes Verhalten. Um das Entstehen von Fehlhaltungen beurteilen zu können, müssen wir uns nun fragen: In welche Richtung kann sich bei einseitig männlichem Verhalten, wenn der eigene weibliche Gegenpol ausgeschaltet und das Tun dazu noch durch Hochmut und Egoismus geprägt ist, die Charakterstruktur eines Mannes entwickeln? Auf die Folgen einer einseitig mentalen Denkart haben wir schon hingewiesen. Zu fragen bleibt: Stoßen wir nicht im Endergebnis auf jenen Sachverhalt, der Produkt einer von Männern gesteuerten, uns heute tödlich bedrohenden Entwicklung ist? Der kanadische Tiefenpsychologe Karl Stern zeigt in seinem Buch „Die Flucht vor dem Weibe" an geschichtlichen Beispielen, daß wir uns heute in einem Zeitalter befinden, dessen dominante Werte in der technisch-wissenschaftlichen, aber auch in der politischen

Kultur sich aus einer Entwicklung herleiten, an deren Wiege Descartes mit seinem Prinzip steht: „Cogito ergo sum – ich denke, also bin ich"[3]. Ida Friederike Görres knüpft mit ihrer Kritik an der Überbetonung des Maskulinen und am einseitigen Hochspielen dieser kartesianischen Mentalität an Karl Stern an. Sie listet folgende Negativwerte auf: die moderne Wissenschaftsgläubigkeit, den naiven und gefahrvollen Glauben an die totale Machbarkeit, den Absolutismus der wissenschaftlichen Methode, verbunden mit der Entwertung einer sich aus anderen Quellen speisenden Weisheit, und den Geschmack am Organisatorischen, der den Sinn für das Organische überwuchert[4]. Auch sie begreift dies als Flucht vor dem Weiblichen und beklagt den Verlust des weiblichen Modus von Menschsein, den Verlust des Geistes des Empfangens, Bewahrens, der Intuition, Sympathie und Weisheit etc.

Man kann den Anfang dieser in den Auswirkungen skizzierten Entwicklung mit Beginn der Renaissance ansetzen. Damals begannen Männer eine bestimmte Strategie zu wählen, eine männliche Strategie, die Paul Tournier wie folgt beschreibt: „Man hat gewissermaßen alle männlichen Werte eingeführt und zur Geltung gebracht: die Macht, die Kampfeslust, das rationale Denken, die kalte objektive Beziehung, die Technik, die Manipulierung der Dinge ... und das römische Recht, das die Vorherrschaft des Mannes guthieß, weil er geeigneter schien zur Ausübung all dieser männlichen Tugenden. Und er verdrängt die weiblichen Werte, das Gefühl, die Einsamkeit, die Hingabe des Herzens, die Intuition, die persönliche Beziehung, die Mystik. Und gleichzeitig hat man die Frau von leitenden Stellungen ferngehalten und sie in ihr engbegrenztes Heim verbannt, sie, die diesen von der männlichen Natur geleugneten Aspekt verkörpert. All das ist in dem Ausspruch des Descartes enthalten: ‚Ich denke, also bin ich'."[5]

Der Mann hat die Macht gewollt und sie erhalten. Sie hat sich heute in der Atombombe potenziert, die mehr ist als bloßes Symbol, nämlich tödlich bedrohende Realität. Die vorgestellte Diagnose der Neuzeit wird nicht dadurch widerlegt, vielmehr bestätigt, daß zur Zeit immer neue Bewegungen im Sinne des Modus weiblichen Menschseins aufbrechen. Daran sind nicht nur Frauen beteiligt. Die Reaktionen verweisen ja gerade auf die Zustände, gegen die man sich wendet und die man zu ändern sucht. Ebenso möchte ich daran erinnern, daß der Vorwurf, Frauen könnten in noch schlimmerer Art in solche männlichen Verhaltensweisen verfallen, sicher berechtigt sein kann. Dies geschieht, wenn Frauen, was allerdings die schlechteste Form der Emanzipationsbewegung ist, sich an ein negativ männliches Verhalten anpassen und die männliche Strategie wählen. Sind Männer, von ihrem Allmachtskomplex, von der Jagd nach Macht, Ehre und Geld, vom Konkurrenzkampf und der ständigen Überforderung gestreßt, nicht die Sklaven der von ihnen gemachten Verhältnisse geworden? Werden sie, einmal auf der falschen Schiene der Pervertierung des Männlichen, nicht selber unfrei und abhängig? Man denkt, betrachtet man diese Folgen einer offensichtlich „eingefahrenen“ Entwicklung, an Goethes „Faust“, der ein Protagonist männlicher Haltung ist: „Die Geister, die ich rief, die werd' ich nicht mehr los.“

Die mit diesen Unfreiheiten des Mannes zusätzlich verbundenen Verluste sind zahlreich. Eine schwerwiegende Beschädigung der Männerrolle hängt sicher mit der Trennung der Väter von Frau und Kindern und mit dem Auseinanderbrechen von Familie und Berufswelt zusammen. Dies hat seine Wurzeln in der Entwicklung der Arbeitsbedingungen im industrie-kapitalistischen Zeitalter, für das die Trennung von Wohnen und Arbeiten charakteristisch wird. Lebte und arbeitete man bis dahin mehr oder weniger unter einem Dach, so gingen jetzt die proletarischen Industriearbeiter in die Fabriken. Mußten die Frauen aus finanziellen Gründen noch außerhäuslich Geld verdienen, dann kam es zu dem von Pius XI. angeprangerten Skandal einer familienfeindlichen Struktur mit der überfordernden Doppelrolle der Frau. Damit war auch eine der Ursachen für die kommende Kinderfeindlichkeit gegeben. Konnten die Frauen aber zu Hause bleiben, haben sie sich fast ausschließlich auf die Familie konzentriert.

Aus einer solchen Arbeitsverteilung und aus dieser einseitigen Rollenzuweisung resultiert nicht nur die fatale Trennung der Väter von Frau und Kindern. Dies führte gewissermaßen auch zu einem „Familienmatriarchat" der Mütter bei einem „Berufspatriarchat" der Väter (Zulehner)[9]. Das Fehlen der Väter hat zu empfindlichen Entwicklungsstörungen der Kinder und der jungen Generation geführt. Man kann sich des Eindrucks nicht erwehren, daß dies auch noch andere weitreichende Folgen hat. Die scheinbar für die Erziehung allein verantwortlichen Mütter werden aufgrund stiller und lauter Vorwürfe nicht selten kinderfeindlich und weichen so der Verantwortung für eine unter solchen Umständen heute schnell mißlingende Erziehung im vorhinein aus.

Wenn aber die gegenwärtige Berufsrolle des Mannes oft dazu führt, daß der Mann des Kindes und das Kind des Vaters entbehrt, so muß man doch auf diese Frage bestehen: Wo könnte der Mann sein mütterliches Menschsein besser entfalten als im Umgang mit Kindern? Und liegt nicht auch eine Ursache für zerbrechende Ehen mit darin, daß in unserer ökonomisch orientierten und einseitig männlich ausgerichteten Leistungsgesellschaft die Ehe einerseits emotional überfordert wird und andererseits zur Liebesromanze verkommt, zur Gefühlsoase der Entspannung vom Streß: „Wir investieren unsere Hoffnungen heute in die private Erfüllung durch Liebe. Wir erwarten von der Liebe, der süßen Liebe, daß sie uns von den Verletzungen und Enttäuschungen heilt, die uns in unserem öffentlichen Leben in Institutionen, Firmen und Bürokratien zugefügt werden ... Natürlich ist der Traum ein Klischee. Wirklichkeitssinn und Scheidungsstatistiken sagen uns, daß nur sehr wenige Liebhaber lange glücklich zusammenleben."[6] Eine minderwertigere Aufgabe, als „Geliebte" oder Dekoration für erfolgreiche Männer zu sein, die im „Kampf des Lebens" stehen, ist für Frauen kaum vorstellbar. Die Folge sind aber auch „halbierte" Männer, die keine Partner und Väter mehr sind. Und auf der Strecke bleiben die nicht als selbständige Menschen ernst genommenen Frauen, die keine Partnerinnen für Mann und Kinder sein können.

Wenn der Kaufwert in der Gesellschaft alles dominiert, wenn alles nur noch unter dem Aspekt eines berechenbaren Tauschgeschäftes zum Objekt der eigenen Wünsche und der eigenen Bedürfnisbefriedigung wird, dann wird auch die Ehe als Ort personaler Begegnung und Liebe entwertet. Man sagt dann schnell und leicht: Ich wurde enttäuscht. Begehrende nicht erfüllte Liebe muß in diesem Sinne erst recht unglücklich werden. Wahre Liebe aber, die in der Begegnung menschliche Werte durch personale Beziehung empfängt und schenkt, ist solchem Verschleiß nicht ausgesetzt. Hier ist eine unerläßliche Voraussetzung notwendig und Not wendend: Männer und Frauen müssen sich gegenseitig in echter Liebe zum Menschsein befreien, weil Liebe die in uns anwesende befreiende (erlösende) Liebe Gottes ist. „Ein Austausch, ein Dialog, eine echte Zusammenarbeit zwischen Männern und Frauen auf allen Stufen kann eine tiefgreifende Änderung bringen. Das ist viel schwieriger, als wenn ein Geschlecht über das andere triumphiert!"[7] Die Kräfte des Herzens, der Einfühlung und der Intuition müssen wieder den Primat bekommen gegenüber der einseitigen Vorherrschaft der Einstellung des Berechnens, des Zweckdenkens und gegenüber der bloß rationalen Logik. Nur so kann Menschlichkeit gelingen: in der Gestaltung des eigenen Lebens, in den Beziehungen zwischen Frauen und Männern und in unserem Verhältnis zur Umwelt.

„Halbierte" Männer und diskriminierte Frauen werden dadurch ganze Menschen[8]. Liebe ist der Weg dazu, denn lieben heißt heilen, sich selbst und andere. Die Schriftstellerin Zenta Maurina setzte dem kartesianischen „Cogito ergo sum – Ich denke, also bin ich" ihr „Amo ergo sum – Ich liebe, deshalb bin ich" entgegen[9]. Von diesem Ansatz aus sollten wir weiterdenken. Gott nennt sich: „Ich bin der ‚Ich-bin-da'". Diese Selbstaussage meint: Sein ewiges Dasein ist reine Gegenwart der Liebe. „Amo ergo sum – ich liebe, also bin ich" – das ist deswegen auch das Prinzip, von dem im letzten alles zu erhoffen ist.

5. Kapitel

„Amo – ergo sum"

Was ist die Welt, wenn Gott allgegenwärtig ist? Für die heilige Hildegard eine Nußschale, die er in seiner Hand hält. Es existiert nichts außerhalb von Gottes Sein. Dessen muß man sich bewußt sein. Auf einer ähnlichen Grundlage kommt Sam Keen zu einer Einsicht, die zeigt, wie sehr alle davon betroffen sind: „Es gibt kein Entkommen. Jeder Seiende ist im Sein. Wir sind Insider, nicht Fremde; Familienmitglieder, nicht Waisenkinder. Lieben bedeutet: in eine Heimat zurückkehren, die wir nie verlassen hatten, und uns daran erinnern, wer wir sind."[1] Theologisch gesprochen kann uns eine solche Einsicht verdeutlichen, was Umkehr aus der Sünde heißt: denn in der Sünde be- oder verhindern wir das Wirken der Liebe des uns immer ganz nahen Gottes durch Unglaube und Verschlossenheit ihm gegenüber.

Was geschieht aber, wenn wir in diese „Heimat zurückkehren"? Hören wir wieder auf Sam Keen: „Lieben bedeutet, sich der Aufgabe des Heilens zu stellen. Die Berufung des Liebenden geht dahin, andere (und den Teil des Selbst, der alte Wunden und Ängste nährt, auf Autonomie stolz ist und die Illusion der Selbstgenügsamkeit birgt) zur Wiederentdeckung ihres wahren Seins und ihrer wahren Verpflichtungen zu verlocken."[2]

Wenn Liebe wirklich gelingen soll, muß zunächst die Heimkehr zu Gott erfolgen, die Aufhebung der Trennung von ihm. Liebe ist ja „der ontologische Drang in Richtung auf die Wiedervereinigung des Getrennten", denn „die Liebe ist eher Voraussetzung als Schlußfolgerung unserer Suche" (Paul Tillich). Grundvoraussetzung jeder Suche ist jedoch, daß zumindest eine Ahnung von dem vorhanden ist, was gesucht wird: „Du würdest mich nicht suchen, wenn du mich nicht schon gefunden hättest", sagt Gott bei Augustinus. Gabriel Marcel erinnert die Philosophie an ein wichtiges Prinzip. Sie darf „nicht beim künstlich isolierten Ego beginnen, bei dem denkenden oder zweifelnden Selbst Descartes, sondern bei dem Selbst, das innerhalb einer intersubjektiven Gemeinschaft existiert, einem Selbst, das bereits mit anderen Wesen verknüpft ist. In der Tradition der Metaphysik der Liebe, die auf Augustinus und Plato zurückgeht, wird der Liebe die Priorität vor der Erkenntnis gegeben. Wir lieben, um zu verstehen."[3] Liebe ist immer wie Gott selbst (bei uns Menschen geschieht dies durch ihn) die vorausliegende Urtat-Sache. „Wir haben nur die Welt", schreiben Humberto Maturana und Francisco Varela, „die wir zusammen mit anderen hervorbringen, und nur die Liebe ermöglicht uns, diese Welt hervorzubringen."[4]

Auf dem Hintergrund solcher Überlegungen, die schlaglichtartig alles zu erhellen vermögen, müßte innerhalb einer „Theologie der Liebe" aus den Quellen der Offenbarung eine ganzheitliche Anthropologie entwickelt werden. Durch diese Theologie der Liebe werden das Sein und Wirken Gottes wie das seines menschlichen Ebenbildes höchste Evidenz erlangen. Denn jene Liebe, die mit dem Wesen Gottes identisch ist, bleibt das wahre Alpha und Omega, das nicht mehr ableitbare Urgesetz des Daseins, des ungeschaffenen wie des geschaffenen. Von ihm muß alles andere abgeleitet werden. Aus dem „Gott der Philosophen", der letztlich logisch doch nicht ergründbar und auch nicht fähig ist, den Menschen zu „fesseln", würde wieder der Gott unseres Lebens werden, zu dem uns Christus, wie er selber, „Abba" sagen lehrte. Das war das Gottesbild seines menschgewordenen Sohnes, dem uns heute auch manch trockene Theologie ohne Fleisch und Blut als Reden *über* statt mit Gott nicht näherbringt. Sie müßte auf den personalen Gott verweisen, der sich geschichtlich offenbart. Es ist der „Gott Abrahams, Gott Isaaks, Gott Jakobs, nicht der Philosophen und Gelehrten"[5], wie diese Worte Pascals die Differenz anschaulich machen.

Dieser personale Gott ist kein einsamer Gott. Das drückt auch die Glaubensaussage von der Dreifaltigkeit aus, die ein Geheimnis seiner personalen Liebe anspricht. Die Menschheit soll in ihrer Ebenbildlichkeit Gottes gerade dieses Geheimnis, gelebt in Gemeinschaft, widerspiegeln. Gott hat die Verschiedenheit der Menschen und Geschlechter als Voraussetzung der in Liebe gelebten Partnerschaft gewollt. Wir verdanken dem in Liebe aufeinander Angewiesensein und den daraus entspringenden Freundschaften, Ehen und Gemeinschaften schon die schönsten Freuden des diesseitigen Lebens. Nur so ist es ein Abbild bzw. eine „Vor-Schau" des ewigen Lebens. Im trennenden Gegeneinander der Lieblosigkeit und Feindschaft, des Streits und des Krieges entspringt alles Elend der Welt. In dieser Spannung von Trennung und Annäherung kann die wahre Emanzipation des Menschen nur in der Befreiung zur Liebe bestehen. Dies wäre gesellschaftlich keineswegs folgenlos. Denn solange etwa den Frauen weite Felder menschlicher Tätigkeiten im öffentlichen oder kirchlichen Leben versagt bleiben, bleiben auch die Räume, in denen sie all ihre Fähigkeiten (als Dienste der Liebe) entfalten können, beschränkt. Immer noch versucht man in männliche und weibliche Bereiche aufzuteilen. Und es ist nur zu offensichtlich, wo für wen sich die meisten Vorteile für das eigene Ich daraus ergeben. Gegen alle Verkürzungen und Beschränkungen spricht die Offenbarung von der Schöpfung bis zum Eschaton (Wiedergeburt der Welt): Der Mensch ist berufen, am Leben und Glück Gottes bis zu einer letzten Vollendung im „neuen Himmel und auf der neuen Erde" (Offb 21,1) teilzunehmen. Diese Tatsache erinnert uns zwangsläufig daran, daß wir als Ebenbild Gottes, als Boten und Treuhänder seiner Liebe, erschaffen wurden. Das Hauptgebot für die Menschheit ist die Liebe. Es gipfelt in dem „neuen Gebot" Jesu. Für Christen hat diese Forderung verbindliche Gültigkeit: „Seid vollkommen, wie es auch euer himmlischer Vater ist!" (Mt 5,48). Wollten wir diese Vollkommenheit in etwas anderem als in der Liebe suchen, stießen wir auf eine hoffnungslose Unzulänglichkeit unserer Fähigkeiten und Möglichkeiten. Dagegen gibt noch jeder glimmende Docht eines menschlichen Herzens von der Berufung zur Liebe Zeugnis.

Die Liebe, die Adam und Eva verbindet, erschafft aus beiden eine neue Einheit, bzw. sie läßt ihr ursprüngliches Einssein Wirklichkeit bleiben. „Sie werden zwei in einem Fleische sein" (Gen 2,24). Diese auch einen Anspruch stellende Verheißung soll im konkreten Leben der Ehe realisiert werden. Theologisch könnte man sagen: sie ist das entsprechende Bild vom Wirken des Heiligen Geistes, der als die innerste Wirklichkeit Vater und Sohn in seiner Liebe verbindet und eins sein läßt (vgl. Joh 17,21.23).

In der leiblichen Fortpflanzung wird das Kind zum Sinnbild dieser Einheit und Fruchtbarkeit der Liebe. Durch das Kind entsteht diese Einheit und Fruchtbarkeit aber nicht erst, sonst wäre die unfreiwillig unfruchtbare Ehe keine wirkliche Ehe mehr. Solchem Mißverständnis beugt das Verständnis der Kirche vor. Sie hat solche Ehen immer als gültigen Bund anerkannt. Sie wertet so die geistige Fruchtbarkeit zwischen den beiden Partnern in der Einheit wahrer

Liebe, ebenso die Fruchtbarkeit ihrer Liebe im Einsatz für den Herrn und die Menschen.

Eines der ursprünglichsten Symbole des Geheimnisses der Liebe ist die Mutter mit dem Kind. Aus tiefer menschlicher Erfahrung heraus wurde – und wird – das Bild von Maria mit dem Kind auf dem Arm oder mit dem toten Sohn auf ihrem Schoß, die Pieta, verehrt. Als neue Eva wurde Maria zum Symbol der größten Hoffnung der Welt. Im Bild von Maria können auch einseitige Gottesdarstellungen ausgeglichen werden. Wir kennen das weltberühmte Bild vom Jüngsten Gericht in der Sixtinischen Kapelle, das Michelangelo in der symbolischen Sprache seiner Kunst gemalt hat: Maria als Mutter der Barmherzigkeit fällt beim Gericht in den erhobenen Arm ihres Sohnes, um den strafenden Zorn Gottes zurückzuhalten. Um dieses Symbol nicht mißzuverstehen, muß gesagt werden, daß Maria hier Ausdruck und Symbol der Barmherzigkeit Gottes selber ist. Gott muß sie nicht erst von ihr lernen. Er selbst *ist* Barmherzigkeit, und Jesus bringt dies immer wieder zum Ausdruck, so im Gleichnis vom verlorenen Sohn und vom barmherzigen Vater. Er selbst ist gekommen, um „zu suchen und zu retten, was verloren war" (vgl. Lk 15,11–32; 19,10).

Ein Gottesbild, das davon ausginge, daß nur über Maria Barmherzigkeit erlangt werden könne, wäre also einseitig und nicht gut. Durch ihre vorbildliche, bedingungslose Hingabe erhielt der Gott des Erbarmens in Maria freilich die höchste Transparenz. Deshalb gelten uns allen die Worte: „Seid barmherzig, wie es auch euer Vater ist!" (Lk 6,36; vgl. auch Mt 5,7; 1823ff.). Barmherzige Liebe ist Ausdruck unseres Einsseins mit Gott. Und so heißt es auch im Neuen Testament: „Das Gericht ist erbarmungslos gegen jeden, der kein Erbarmen gezeigt hat. Barmherzigkeit aber triumphiert über das Gericht" (Jak 2,13).

Im Symbol der Mutter mit dem Kind läßt sich das Geheimnis Gottes als zutiefst schenkende Liebe in ihrem Wesen verstehen: Wir müssen zuerst empfangen, um schenken zu können. Menschsein bedarf in diesem Sinn der „kontemplativen Existenz". Buytendijk erinnert an die grundlegende Erfahrung: „Während die Begierde und alle in ihr begründete Liebe, weil sie auf einer Wahl beruht, einseitig bleiben, keine Antwort finden und darum ‚unglücklich' sein kann, bleibt die mütterliche Liebe nie ohne Antwort. Die Mutter wählt ihr Kind nicht, sie empfängt es ... In der Mütterlichkeit, die uns in der weiblichen Daseinsform entgegentritt, ist die Liebe das zärtliche Verweilen bei dem, was man hat, was mit uns ist. Dies aber kann alles sein."[6]

Die Zärtlichkeit wird verfälscht, wenn sie zu einem Mittel der Befriedigung wird, denn die bloß begehrende Liebe ist nicht geistig. Sie beinhaltet die Paradoxie, daß in ihr nicht zunächst empfangen wird, sondern daß sie eine Wahl trifft, daß gewählt wird, was gefällt[7].

Der Bezug auf die uns beschenkende Liebe Gottes sollte allem Tun vorausgehen. In diesem Zusammenhang fällt auch auf ganz konkrete ethische Fragen, etwa die Gentechnologie, ein neues Licht. Wird hier der Rausch menschlicher (männlicher) Macht- und Machbarkeitsideologie eine neue Stufe menschlicher Hybris erreichen, einen Gipfel, auf dem man Gott seine Schöpfung ganz aus der Hand nehmen will? Wird hier die negative Vision Wirklichkeit gewinnen, die Denis Diderot vor ca. 200 Jahren beschrieb: „Eines Tages wird die Züchtung menschlicher Embryos möglich sein mit vorbestimmtem Erbgut. Er sah einen warmen Raum, der Boden bedeckt mit kleinen Gefäßen, jedes von ihnen mit einem Schildchen versehen: Soldaten, Ratsherren, Philosophen, Dichter, Kurtisanen, Könige ..."? Wird sich auch in diesem Bereich wieder ein von Männern wissenschaftlich vorbereiteter technischer Zugriff durchsetzen? Wird eine zweckhaft ausgerichtete Macht siegen, die sich vom Prinzip leiten läßt: Was möglich ist, ist auch erlaubt? Ein Prinzip, auf dessen Grundlage auch die Atombombe gebaut wurde.

Mit Recht stellen heute Frauen angesichts der Möglichkeiten der Genmanipulation und der Probleme, die mit Infertilisation, extrauteriner Schwangerschaft und mit Leihmüttern entstehen, auch öffentlich (so auf der Bremer Frauenwoche 1985) die Frage: „Wollen wir das äußerst Machbare, wollen wir unseren Kindern diese Zukunft, diese Gesellschaft zumuten?"

Wir dürfen weder Wissenschaft noch Technik, weder Philosophie noch Politik und was auch Menschen immer denken und tun können, betreiben, ohne uns bewußt zu sein, daß wir das Abbild göttlicher Existenz und seine Partner(innen) sein sollten. Das Kriterium der Beurteilung für alle entscheidenden Fragen ist letztlich Gottes ureigene Liebe. Wir verraten diese Liebe, wenn wir sie als dieses Kriterium nicht beachten. Die Werke und Geheimnisse Gottes, ob wir sie schon kennen oder nicht, sind immer Geschenke seiner Liebe, die wir deshalb nie in unserem Hochmut als Mittel unseres Macht-, Prestige- oder Genußstrebens mißbrauchen oder ausbeuten sollten.

Männer und Frauen haben nicht nur ihre gegenseitige Aufgabe der Liebe. Dies zeigte schon der erste Schöpfungsbericht. Sie besitzen die gemeinsame Berufung, allen Menschen und Dingen eine Hilfe an Gottes Statt zu sein, also Mitwirkende seiner Liebe zu werden. Dasein und Sendung der Frau, so wenig wie beim Mann nur an eheliche Partnerschaft gebunden, bleiben verankert in ihrem immer gültigen Gerufensein zur Partnerschaft Gottes. Diese Wahrheit kann durch Verbindung des zweiten Schöpfungsberichtes mit der neutestamentlichen Offenbarung erst in ihrem ganzen Ausmaß erhellt werden.

Liebe kann ihren Ausdruck in den einfachsten, praktischen Tätigkeiten finden. Wir wissen, daß Jesus selbst bis zu seinem 30. Lebensjahr als Zimmermann gearbeitet hat. Er begann nicht erst mit seinem öffentlichen Auftreten als der Sohn Gottes sein Erlösungswerk der Welt. Wir dürfen sagen, daß er in seinem Verhalten den göttlichen Wert der Arbeit verkörpert hat. In ihm scheint die verborgene Präsenz der Liebe Gottes auf. Charles de Foucauld hat sich bemüht, dieses Geheimnis von Nazaret in seiner ganzen theologischen Tiefe zu deuten und zu leben. Jede Handlung kann so, wenn wir sie in der Einheit mit Christus und seiner Liebe verrichten, einen miterlösenden Wert durch unseren Bezug zur Menschwerdung Christi haben.

Mit der Menschwerdung Gottes beginnt die Vergöttlichung des Menschen durch den Geist seiner Liebe. In der Teilnahme an diesem Geheimnis der menschgewordenen Liebe müssen wir die eigentliche Erfüllung unseres Lebens überhaupt suchen. Nachfolge Christi bedeutet, in diesem Sinne zu handeln, aktiv zu werden. Der Kontemplation – dem Sich-Öffnen für die Liebe Gottes – muß auch im Alltag die Aktion folgen.

Eine Offensive gegen den Patriarchalismus muß somit gleichzeitig auch in unseren alltäglichen Handlungen als eine Offensive gegen das Böse gelebt werden. Wenn wir das Böse als Hochmut und Lieblosigkeit anprangern, werden wir so den daraus entspringenden Patriarchalismus bekämpfen. Seine Opfer waren vor allem die Frauen und die Natur. Wir brauchen eine „Emanzipation", eine Befreiung zu dem Grundgesetz des Lebens, das Jesus als einziges Gebot hinterließ: „Liebet einander, wie ich euch geliebt habe." Dies entgiftet alle falsch gelebten Beziehungen von Herrschaft und Macht. In dem Maße, wie sie als Dienste der Liebe an den Menschen und an der Welt gelebt werden, können richtig und gut ausgeübte Dienste von Herrschaft und Macht Segen bringen: „Amo, ergo sum – ich liebe, deshalb bin ich" ist unser fundamentalstes Daseinsgesetz, Gesetz also für alle Aufgaben des Menschen.

Auf dem Weg zur Vermenschlichung der Welt durch solche Liebe könnten die Frauen führend sein. Sie dürfen dann nicht mehr aus ideologischen Gründen oder durch ungerechte Strukturen daran gehindert werden, diese Aufgabe zu erfüllen. Liebe ist nicht nur zart, sondern auch stark, sie hat nicht nur eine „weiblich-passive", sondern auch eine „männlich-aktive" Seite: „Stark wie der Tod ist die Liebe" (Hld 8,6). Könnten nicht gerade die Frauen durch ihre „männlich-starke" Kraft der Liebe eine durch vermännlichte Haltungen unmenschlich gewordene und der Seele der Mütterlichkeit beraubte Welt wieder menschlicher machen?

Diese Aufgabe hat die Frau mit der heute neu entdeckten missionarischen Sendung der Kirche gemeinsam. Die Kirche will die Sendung des menschgewordenen Gottesohnes fortsetzen und verpflichtet uns so, in seiner Nachfolge seine Liebe in dieser Welt gegenwärtig zu machen. Aus dieser Liebe entspringt die einzige, unseren Augen allerdings meistens verborgene Fruchtbarkeit der Kirche. Doch mit Johannes vom Kreuz müssen wir an der Wahrheit festhalten: „Der kleinste Akt der reinen Liebe ist für die Kirche nützlicher als alle anderen Werke zusammen."

Wer aus diesem Glauben seine Berufung als Glied der Kirche leben will, muß sich von einem Denken und Rechnen in Quantität oder falscher Aktivität zum Prinzip der Qualität bekehren: „Nur die Liebe zählt."[8] Diese Liebe wird keinem inneren oder äußeren Müßiggang verfallen, aber sicher von Hetze und Zeitmangel befreien, denen sie meist zum Opfer fällt, wenn sie nicht „kräftig" genug ist.

Alle Weisheit hat ihren Ursprung in der Liebe. Darauf muß sich die „Theologie der Liebe" besinnen und sich das Wort der Theresia von Lisieux zu eigen machen: „Das ist der Lehrer, den ich dir gebe, er wird dich alles lehren, was du tun sollst. Ich will dich im Buch des Lebens lesen lassen, das die Wissenschaft der Liebe enthält."[9]

Uns stellt sich immer wieder die täglich neue Aufgabe der Erlösten, die Knechtschaft des Ichs im eigenen Herzen durch Liebe zu besiegen. Dann können freie Männer und freie Frauen alle Bereiche und Aufgaben des Lebens in Welt und Kirche in wahrer Partnerschaft wahrnehmen. So wird das ganze Menschsein erst durch jede Tätigkeit und jeden Beruf erfüllt werden.

Daß Frauen in Zukunft in allen Bereichen des Lebens die ihnen möglichen menschlichen Aufgaben übernehmen, ist überlebenswichtig für alle. Hier darf ich an die Erfahrung Dostojewskis erinnern, der in enger Berührung mit der Frauenbewegung in den ersten Anfängen stand und die Mutigen bewunderte, „die mit noch unerfahrener Hand die Tür des Hauses öffneten, um in die Welt zu treten. Er ermunterte Gründerinnen von Schulen und Krankenhäusern wie auch zaghafte Studentinnen."[10] Dostojewski selbst schrieb: „Die russische Frau ist keusch über alle Hindernisse und allen Spott hinweggeschritten. Sie ist fest entschlossen, im Gemeinwesen mitzuarbeiten, und hat auf diesem Gebiet nicht nur uneigennützig, sondern mit Selbstverleugnung gewirkt. In den letzten Jahrzehnten hat der russische Mann in erschreckender Weise dem Laster der Habgier, des Materialismus und Zynismus gefrönt, aber die russische Frau ist der reinen Idee und dem Dienst an ihr treu geblieben. In ihrem Verlangen nach höherer Bildung hat sie Ernst, Ausdauer und höchsten Mut bewiesen ... All unsere Hoffnung setzen wir auf sie, die ungeheure Beispiele der Selbstaufopferung gegeben hat; von ihr wird die geistige Erneuerung und die moralische Erhebung unserer Gesellschaft ausgehen."[11]

Solche Visionen wurden von den letzten Ausgeburten patriarchalischer Herrschaftsformen, dem Bolschewismus und dem Nazismus weggefegt und in der Folge häufig verdrängt. Unsere Aufgabe bleibt es, sie zu verwirklichen.

Als wichtigste, in die Zukunft weisende Perspektive nach dem Zweiten Weltkrieg fand ich in einer französischen Analyse die Feststellung: „Die Welt braucht glückliche Frauen." Ich bin gerade aufgrund des in diesem Kapitel Gesagten von dieser These und Forderung überzeugt. Mit dem Allerweltsbegriff „Glück", der für viele in einer Konsumgesellschaft mit ihren schnellen, sinnlichen und materiellen Bedürfnisbefriedigungen identisch ist, befänden wir uns auf einer völlig falschen Spur. Das wahre innere Glück finden wir nur in einem durch Liebe und zur Liebe befreiten Dasein. „Wer geliebt wird und Liebe erwidern kann, ist der glücklichste Mensch auf der Welt" (Mutter Teresa). Frauen, die in Partnerschaft mit Gott und den Menschen diesen wahren Humanismus leben, die Gott durch ihre Liebe gegenwärtig und transparent machen, werden solche glückliche Frauen sein. Sie sind ein unersetzlicher Beitrag für eine menschlichere und glücklichere Welt. Denn „ohne Liebe, ohne daß wir andere neben uns leben lassen, gibt es keinen sozialen Prozeß, keine Sozialisation und damit keine Menschlichkeit"[12]. Der menschgewordene Christus hat sie mit seiner Liebe auf die Erde zurückgebracht und uns allen, Frauen und Männern, anvertraut: „Ich bin gekommen, Feuer auf die Erde zu werfen. Wie froh wäre ich, es würde schon brennen" (Lk 12,49).

Anmerkungen

1. Kapitel

[1] Zur Diskriminierung von Frauen in einem Entwicklungsland vgl. den Bericht der deutschen Lepraärztin *Ruth Pfau,* Wenn Du deine große Liebe triffst. Die Erfahrung meines Lebens (Freiburg ⁵1987) S. 80ff.
[2] *G. Schmidtchen,* Die Situation der Frau, in: Soziale Orientierung III (Berlin 1984) S. 114.
[3] *A. de Tocqueville,* zitiert nach: *Ohler,* Als Mann und Frau schuf er sie, in: Dokumentation des Treffens für Mitarbeiter/innen im pastoralen Dienst der Erzdiözese Freiburg in Straßburg/St. Thomas 23./24. 11. 1984.
[4] *G. Schmidtchen,* Soziologie der Geschlechterrollen, in: „zur debatte" Nr. 5 (1978) S. 2.
[5] *G. Schmidtchen,* Auskunft über Frauen – Geschlechterrollendifferenzierung soziologisch betrachtet, in: E. Weinzierl (Hrsg.), Emanzipation der Frau (Düsseldorf 1980) S. 40.
[6] *H. Büchele – L. Wohlgenannt,* Grundeinkommen ohne Arbeit. Auf dem Weg zu einer kommunikativen Gesellschaft, in: Welt in Christus, Nr. 176 (Feldkirch 1984).
[7] *G. Schmidtchen,* Auskunft, S. 41.
[8] *N. Bischof,* Biologie als Schicksal?, in: E. Weinzierl (Hrsg.), Emanzipation der Frau (Düsseldorf 1980) S. 55.
[9] *P. Tournier,* Rückkehr zum Weiblichen (Freiburg 1981) S. 33.

[10] *R. Pernoud*, Überflüssiges Mittelalter? (München 1979), zitiert nach: *P. Tournier*, Rückkehr, S. 33.

[11] *H. Boventer*, Jahrbuch 1985/86 der Thomas-Morus-Gesellschaft (Düsseldorf 1986), S. 71.

[12] Eine materialreiche Untersuchung hat z.B. *J. Mörsdorf*, Gestaltwandel des Frauenbildes in der Neuzeit (München 1958) geleistet.

[13] *K. Forster*, Neue Ausgangsbedingungen der Frauenpastoral, in: Herder-Korrespondenz Nr. 10 (1977) S. 516.

[14] *Therese von Lisieux*, Selbstbiographische Schriften (Einsiedeln 1958) S. 144f.

[15] *P. Jordan*, Die Töchter Gottes (Frankfurt 1973) S. 83.

[16] *J. Kotschner* (Hrsg.), Der Weg zum Quell. Teresa von Avila (Düsseldorf 1982) S. 108.

[17] Die Frau und die Zukunft der Kirche, in: pro mundi vita, Nr. 56 (Brüssel 1976).

[18] Ebd.

[19] *A. Jensen*, Wie patriarchalisch ist die Ostkirche?, in: Una Sancta, Zeitschrift für ökumenische Begegnung Nr. 40 (Freising 1985).

[20] Ebd.

[21] Verlautbarungen des Apostolischen Stuhls, Nr. 3, S. 5.

[22] *Therese von Lisieux*, Selbstbiographische Schriften (Einsiedeln 1958) S. 198.

[23] *E. Stein*, Frauenbildung und Frauenberufe (München 1956) S. 170.

[24] Ebd., S. 43.

[25] *H. de Lubac*, Mysterium der Kirche (Graz 1954) Kap. 4, S. 90.

[26] Ebd.

[27] Bischof Dr. Homeyer anläßlich der Buchvorstellung „Die Frauen in Gesellschaft und Kirche. Analysen und Perspektiven“, am 20. 10. 1986.

[28] *R. Köcher*, Die Kirche braucht die jungen Frauen, in: M. Lerchenmüller (Hrsg.), Jüngere Frauen in der Kirche. Dokumentation zur Sondertagung vom 21.–25. 4. 1986 im Diözesanbildungshaus St. Bernhard in Rastatt, S. 178.
[29] Die Frau und die Zukunft der Kirche, in: pro mundi vita, Nr. 56 (Brüssel 1976) S. 16.

2. Kapitel

[1] *A. de Saint-Exupéry*, Der kleine Prinz (Düsseldorf 1963).
[2] *F. Capra*, Wendezeit (Bern [3]1983) S. 24.
[3] Ebd., S. 24f.
[4] *H. E. Richter*, Der Gotteskomplex (Reinbek [2]1979); *E. Fromm*, Haben oder Sein (Stuttgart 1976).
[5] Hier möchte ich auf ein Buch hinweisen, das das Thema sozusagen aus kirchlicher Sicht heraus behandelt: *A. Kraus*, Über den Hochmut (Frankfurt a.M. 1966).
[6] *R. Girard*, Das Ende der Gewalt (Freiburg 1983).
[7] Dies ist im übrigen ein Argument, das besonders zur Zeit der Renaissance von Frauen benutzt wurde, um sich gegen die Schuldzuweisung zu wehren. Vgl. dazu: *E. Gössmann*, Eva, Gottes Meisterwerk (München 1985).
[8] *F. Capra*, Wendezeit, S. 38.
[9] Ebd., S. 55.
[10] *P. Tournier*, Rückkehr zum Weiblichen (Freiburg 1981) S. 85.
[11] Dies holt René Girard in seinen Untersuchungen ein. Vgl. *R. Girard*, Das Ende der Gewalt (Freiburg 1983).
[12] Vgl. dazu *R. Schwager*, Brauchen wir einen Sündenbock? (München 1978).
[13] *S. Keen*, Die Lust an der Liebe (Weinheim 1984) S. 62.
[14] Ebd., S. 129.

[15] Zitiert ebd., S. 131.
[16] *P. Blanchard,* Heiligkeit – heute? (Freiburg 1956) S. 148.
[17] *S. Keen,* Die Lust an der Liebe, S. 68.
[18] *F. Dostojewskij,* Die Brüder Karamasoff III, 3.
[19] *Tournier,* Rückkehr, S. 85f.
[20] Ebd., S. 152.
[21] Ebd., S. 151.
[22] Vgl. *E. Motschmann,* Religiöse Selbstversorgerinnen, in: Die neue Ordnung, Nr. 4, Walberberg 1985, S. 289.
[23] Zitiert bei: *F. J. J. Buytendijk,* Die Frau, Köln 1953, S. 57.
[24] Ebd., S. 58.
[25] Ebd.
[26] Ebd., S. 59.
[27] Ebd., S. 60.
[28] Zitiert bei: *G. Siegmund,* Die Kirche besteht aus Männern und Frauen, in: Stimme des Glaubens, H. 2 (1983) S. 12.
[29] Ebd.
[30] Ebd.
[31] *A. Schopenhauer,* Über die Weiber. Psychologische Bemerkungen, zitiert nach: E. Weinzierl, Emanzipation der Frau (Düsseldorf 1980) S. 83.
[32] Zitiert nach: *A. Luciani,* Ihr ergebener Albino Luciani (München 1983) S. 130.
[33] *F. Nietzsche,* Also sprach Zarathustra (Stuttgart 1950) S. 71.
[34] *P. Tournier,* Rückkehr, S. 160.
[35] Vgl. dazu *H.-B. Gerl,* Von der Identität zur Transparenz. Mann und Frau in Geistesgeschichte und Religion, in: Die neue Ordnung, Nr. 4 (Walberberg 1985).
[36] *Capra,* Wendezeit, S. 24.
[37] *H. Wolff,* Jesus der Mann (Stuttgart 1976) S. 28.

[38] Ebd., S. 29.
[39] Ebd.

3. Kapitel

[1] *F. Nietzsche,* Also sprach Zarathustra (Stuttgart 1950) S. 70.
[2] L'Osservatore Romano, Nr. 8 vom 20. 2. 1976.
[3] Gemeinsame Synode der Bistümer in der Bundesrepublik Deutschland. Offizielle Gesamtausgabe I (Freiburg 1976), Die pastoralen Dienste in der Gemeinde, Nr. 3.2: Der Dienst der Frau.
[4] Sekretariat der Deutschen Bischofskonferenz (Hrsg.), Zu Fragen der Stellung der Frau in Kirche und Gesellschaft, Bonn, 21. Sept. 1981.
[5] *F. J. J. Buytendijk,* Die Frau (Köln 1953) S. 223.
[6] Ebd.
[7] *E. Stein,* Die Frau, in: Edith Stein Werke V (Freiburg 1959) S. 20.
[8] Ebd., S. 18.
[9] Ebd., S. 40.
[10] Ebd., S. 7.
[11] Missio pastoral, Werkheft für die missionarische Kirche, Nr. 4 (1984) S. 6.
[12] *P. Evdokimov,* Die Frau und das Heil der Welt (München 1960).
[13] *G. von le Fort,* Die ewige Frau (München 1963) S. 88ff.
[14] Verlautbarungen des Apostolischen Stuhles, Nr. 25, S. 154f.
[15] L'Osservatore Romano, Nr. 8 vom 20. 2. 1976.
[16] *M. Gandhi,* Worte des Friedens (Freiburg 1984) S. 46.
[17] *E. Stein,* Die Frau, in: Edith Stein Werke V (Freiburg 1959) S. 8.

[18] *H. Bogerts*, Bildung und berufliches Selbstverständnis lehrender Frauen von 1885–1920, in: Eruditio V (Frankfurt a.M. 1977) S. 157.

[19] *H. J. M. Nouwen*, Gottes Clown sein (Freiburg ²1985) S. 99.

[20] *H.-B. Gerl*, Von der Identität zur Transparenz. Mann und Frau in Geistesgeschichte und Religion, in: Die neue Ordnung Nr. 4 (Walberberg 1985) S. 252f.

[21] *H. Schüngel-Straumann*, Gott als Mutter in Hosea 11, in: Theologische Quartalschrift Nr. 2, Tübingen 1986.

[22] Dies ist eine Übersetzung von Margaret Collier, die demnächst die im angelsächsischen Raum schon sehr bekannte Mystikerin auch einem größeren Publikum vorstellen wird. Über Juliane ist im Verlag Herder eine Veröffentlichung von Margaret Collier in Vorbereitung.

[23] *A. Luciani*, Ihr ergebener Albino Luciani (München 1983) S. 129f.

[24] *F. J. J. Buytendijk*, Die Frau (Köln 1953) S. 278.

[25] Ebd.

[26] Ebd., S. 279.

[27] Ebd., S. 283.

[28] Ebd.

[29] *J. Jewtuschenko*, Lyrik Prosa Dokumente, „Der Hühnergott" (Gütersloh o.J.) S. 21.

[30] *H. Wolff*, Jesus der Mann (Stuttgart 1976) S. 80.

[31] *K. H. Schelkle*, Der Geist und die Braut (Düsseldorf 1977) S. 152.

[32] Ebd., S. 160.

[33] Pastoralkonstitution „Die Kirche in der Welt von heute" (Gaudium et spes), Nr. 29.

[34] So eine Feststellung der Delegiertenversammlung der Katholischen Frauengemeinschaft Deutschlands im Mai 1979.

[35] Dekret über das Laienapostolat (Apostolocam actuositatem), Nr. 9.

[36] L'Osservatore Romano, Nr. 8 vom 20. 2. 1976.

[37] Die Rolle der Frau in der Evangelisierung, Pastoralkommission der Vatikanischen Kongregationen für die Evangelisierung der Völker vom 19. 10. 1975.

[38] L'Osservatore Romano, Nr. 8, vom 20. 2. 1976.

[39] Sekretariat der Deutschen Bischofskonferenz (Hg.), Zu Fragen der Stellung der Frau in Kirche und Gesellschaft, Bonn, 21. Sept. 1981, S. 21.

[40] *K. Walter*, (Hrsg.), Frauen entdecken die Bibel (Freiburg [2]1987).

[41] Hinzuweisen ist auf die Veröffentlichung von Margaret Collier zu Juliane von Norwich und ihre Visionen von der Mütterlichkeit Gottes (vgl. Anm. 22).

[42] *A. Gratry*, Von Gottes Worten und der Sprache der Menschen, Freiburg 1947, S. 62.

[43] Ebd., S. 67.

[44] Die dogmatische Konstitution über die Kirche („Lumen Gentium"), Nr. 33.

[45] *H. de Lubac*, Mysterium der Kirche (Graz 1954).

4. Kapitel

[1] *C. G. Jung*, Briefe II, S. 219, zitiert nach: H. Wolff, Jesus der Mann (Stuttgart 1976) S. 70.

[2] *E. Stein*, Die Frau, in: Edith Stein Werke V (Freiburg 1959) S. 43f.

[3] *K. Stern*, Die Flucht vor dem Weibe. Zur Pathologie des Zeitgeistes (Salzburg 1968).

[4] *I. F. Görres*, Im Winter wächst das Brot (Einsiedeln 1971) S. 91f.

[5] *P. Tournier*, Rückkehr zum Weiblichen (Freiburg 1981) S. 173.

[6] *S. Keen*, Die Lust an der Liebe (Weinheim 1984) S. 12.

[7] *Tournier*, Rückkehr, S. 85.
[8] Vgl. dazu auch *P. M. Zulehner*, Männerbefreiung. Geschlechterstreit, in: Orientierung Nr. 23/24 (1985).
[9] *Z. Maurina*, Mosaik des Herzens (Memmingen [11]1968) S. 166.

5. Kapitel

[1] *S. Keen*, Die Lust an der Liebe (Weinheim 1984) S. 210.
[2] Ebd.
[3] Ebd., S. 34.
[4] *H. R. Maturana – F. Varela*, Der Baum der Erkenntnis. Die biologischen Wurzeln des menschlichen Erkennens – wie wir die Welt durch unsere Wahrnehmung erschaffen (München, Bern 1987) S. 267.
[5] *R. Schneider*, Blaise Pascal (Frankfurt a. M. 1954) S. 122.
[6] *F. J. J. Buytendijk*, Die Frau (Köln 1953) S. 284.
[7] Vgl. ebd.
[8] *E. Gutting*, Nur die Liebe zählt (Leutesdorf [5]1981).
[9] Therese von Lisieux, Selbstbiographische Schriften (Einsiedeln 1958) S. 192.
[10] *Z. Maurina*, Dostojewskij (Memmingen 1952) S. 213.
[11] Ebd., S. 215.
[12] *Maturana – Varela*, Der Baum der Erkenntnis, S. 266.

Literaturverzeichnis

Bischof, Norbert, Biologie als Schicksal?, in: Weinzierl, Erika (Hrsg.), Emanzipation der Frau (Düsseldorf 1980).

Blanchard, Pierre, Heiligkeit – heute? (Freiburg 1956).

Bogerts, Hildegard, Bildung und berufliches Selbstverständnis lehrender Frauen von 1885–1920, Eruditio, Bd. V (Frankfurt 1977).

Bouyer, Louis, Frau und Kirche (Einsiedeln 1977).

Boventer, Hermann, Jahrbuch 1985/86 der Thomas-Morus-Gesellschaft (Düsseldorf 1986).

Büchele, Herwig – Wohlgenannt, L., Grundeinkommen ohne Arbeit. Auf dem Weg zu einer kommunikativen Gesellschaft, in: Welt in Christus, Nr. 176 (Feldkirch 1984).

Buytendijk, F. J. J., Die Frau (Köln 1953).

Capra, Fritjof, Wendezeit (Bern ^{3}1983).

Dautzenberg G. – Merklein H. – Müller, K. (Hrsg.), Die Frau im Urchristentum (= Quaestiones disputatae 95) (Freiburg 1983).

Dostojewski, Fjodor, Die Brüder Karamasoff III, 3.

Eberz, Otfried, Vom Aufgang und Niedergang des männlichen Weltalters (München ^{3}1973).

Erharter, Helmut – Schwarzenberger, Rudolf, (Hrsg.), Frau – Partnerin in der Kirche (Wien, Freiburg 1985).

Evdokimov, Paul, Die Frau und das Heil der Welt (München 1960).

Forster, Karl, Neue Ausgangsbedingungen der Frauenpastoral, in: Herder-Korrespondenz, Nr. 10 (1977).

Friemel, Franz Georg (Hrsg.), Frauen in unserer Kirche (Leipzig 1982).

Fromm, Erich, Haben oder Sein (Stuttgart 1976).

Gandhi, Mahatma, Worte des Friedens (Freiburg [4]1985).

Gerl, Hanna-Barbara, Von der Identität zur Transparenz. Mann und Frau in Geistesgeschichte und Religion, in: Die neue Ordnung, Nr. 4 (Walberberg 1985).

Girard, René, Das Ende der Gewalt (Freiburg 1983).

Görres, Ida Friederike, Im Winter wächst das Brot (Einsiedeln 1971).

Gössmann, Elisabeth, Die streitbaren Schwestern (Freiburg 1981).

Gratry, Alphonse, Von Gottes Worten und der Sprache der Menschen (Freiburg 1947).

Gutting, Ernst, Nur die Liebe zählt (Leutesdorf [5]1981).

Heister, Maria-Sybilla, Frauen in der biblischen Glaubensgeschichte (Göttingen 1984).

Jensen, Anne, Wie patriarchalisch ist die Ostkirche?, in: Una Sancta. Zeitschrift für ökumenische Begegnung, Nr. 40 (Freising 1985).

Jewtuschenko, Jewgenij, Lyrik Prosa Dokumente, „Der Hühnergott" (Gütersloh o.J.).

Jordan, Placidus, Die Töchter Gottes (Frankfurt 1973).

Jung, Carl Gustav, Briefe II, zitiert nach: Wolff, Hanna, Jesus der Mann (Stuttgart 1976).

Keen, Sam, Die Lust an der Liebe (Weinheim 1984).

Köcher, Renate, Die Kirche braucht die jungen Frauen, in: Lerchenmüller, Michael (Hrsg.), Jüngere Frauen in der Kirche. Dokumentation zur Sondertagung vom 21. bis 25. 4. 1986 im Diözesanbildungshaus St. Bernhard in Rastatt.

Kotschner, Joseph (Hrsg.), Der Weg zum Quell. Teresa von Avila (Düsseldorf 1982).

Kraus, Annie, Über den Hochmut (Frankfurt 1966).

le Fort, Gertrud von, Die ewige Frau (München 1963).
Lubac, Henri de, Mysterium der Kirche (Graz 1954).
Luciani, Albino, Ihr ergebener Albino Luciani (München 1983).
Maturana, Humberto R. – Varela, Francisco R., Der Baum der Erkenntnis. Die biologischen Wurzeln des menschlichen Erkennens – wie wir die Welt durch unsere Wahrnehmung erschaffen (München, Bern 1987).
Maurina, Zenta, Dostojewskij (Memmingen 1952).
– Mosaik des Herzens (Memmingen [11]1968).
Metz-Göckel, D. – Müller, U., Der Mann (Weinheim 1986).
Mörsdorf, Josef, Gestaltwandel des Frauenbildes in der Neuzeit (München 1958).
Motschmann, Elisabeth, Religiöse Selbstversorgerinnen, in: Die neue Ordnung, Nr. 4 (Walberberg 1985).
Nietzsche, Friedrich, Also sprach Zarathustra (Stuttgart 1950).
Nouwen, Henri J. M., Gottes Clown sein (Freiburg [3]1987).
Pernoud, Régine, Überflüssiges Mittelalter? (München 1979).
Pfister, Herta, Der an uns Gefallen findet (Freiburg [3]1987).
Rauscher, Anton, Die Frau in Gesellschaft und Kirche, Soziale Orientierung IV (Berlin 1986).
Richter, Horst Eberhard, Der Gotteskomplex (Reinbek [2]1979).
Saint-Exupéry, Antoine de, Der kleine Prinz (Düsseldorf 1963).
Schelkle, Karl Hermann, Der Geist und die Braut (Düsseldorf 1977).
Schmidtchen, Gerhard, Auskunft über Frauen. Geschlechterrollendifferenzierung soziologisch betrachtet, in: Weinzierl, Erika (Hrsg.), Emanzipation der Frau (Düsseldorf 1980).

– Die Situation der Frau, Soziale Orientierung III (Berlin 1984).
– Soziologie der Geschlechterrollen, in: zur debatte, Nr. 5 (1978).
Schneider, Reinhold, Blaise Pascal (Frankfurt 1954).
Schopenhauer, Arthur, Über die Weiber. Psychologische Bemerkungen, zitiert nach: Weinzierl, Erika, Emanzipation der Frau (Düsseldorf 1980).
Schüngel-Straumann, Helen, Gott als Mutter in Hosea 11, in: Theologische Quartalschrift Nr. 2 (Tübingen 1986).
Schwager, Raymund, Brauchen wir einen Sündenbock? (München 1978).
Siegmund, Georg, Die Kirche besteht aus Männern und Frauen, in: Stimme des Glaubens, Heft 2 (1983).
Sommer, Norbert (Hrsg.), Nennt uns nicht Brüder (Stuttgart 1985).
Spaemann, Heinrich, Und Gott schied das Licht von der Finsternis (Freiburg 1982).
Stein, Edith, Die Frau, in: Edith Stein Werke V (Freiburg 1959).
– Frauenbildung und Frauenberufe (München 1956).
Stern, Karl, Die Flucht vor dem Weibe. Zur Pathologie des Zeitgeistes (Salzburg 1968).
Süssmuth, Rita, Frauen – der Resignation keine Chance (Düsseldorf 1985).
Teilhard de Chardin, Pierre, Hymne an das ewig Weibliche (Einsiedeln 1968).
Thérèse de l'Enfant Jésus, Poésies (Lisieux 1951).
Therese von Lisieux, Selbstbiographische Schriften (Einsiedeln 1958).
Thibon, Gustave, Was Gott vereint hat (Wien 1957).
Tournier, Paul, Rückkehr zum Weiblichen (Freiburg 1981).
Walter, Karin (Hrsg.), Frauen entdecken die Bibel (Freiburg ²1987).

Wolff, Hanna, Jesus der Mann (Stuttgart 1976).
Zulehner, Paul Michael, Männerbefreiung: Geschlechterstreit, in: Orientierung Nr. 23/24 (1985).

Kirchliche Dokumentationen

Die Frau und die Zukunft der Kirche, in: pro mundi vita Nr. 56 (Brüssel 1976).
Gemeinsame Synode der Bistümer in der Bundesrepublik Deutschland. Offizielle Gesamtausgabe I (Freiburg 1976), Die pastoralen Dienste in der Gemeinde, Nr. 3.2: Der Dienst der Frau.

Zweites Vatikanisches Konzil:
Die dogmatische Konstitution über die Kirche „Lumen Gentium", Nr. 33.
Pastoralkonstitution: Die Kirche in der Welt von heute „Gaudium et spes", Nr. 29.
Das Dekret über das Laienapostolat „Apostolicam actuositatem", Nr. 9.

L'Osservatore Romano, Nr. 8 vom 20. 2. 1976.
Missio pastoral, Werkheft für die missionarische Kirche, Nr. 4 (1984).
Sekretariat der Deutschen Bischofskonferenz (Hrsg.), Zu Fragen der Stellung der Frau in Kirche und Gesellschaft, Bonn, 21. Sept. 1981.
Verlautbarungen des Apostolischen Stuhles, Nr. 25.

Christsein heute

Mut zur Tugend
Von der Fähigkeit, menschlicher zu leben
Herausgegeben von Karl Rahner und Bernhard Welte
Band 1308

Eugen Biser
Glaubenswende
Welcher Zukunft geht das Christentum entgegen?
Band 1392

Oskar Köhler
Als Petrus anfing zu ertrinken
Glaubenswege am Ende des zweiten Jahrtausends
Band 1395

Franz König/Jacob Kremer
Jetzt die Wahrheit leben
Glauben an der Schwelle zum dritten Jahrtausend
Band 1746

Henri J. Nouwen
Gottes Clown sein
Geistlich leben in unserer Zeit
Band 1753

Georg Betz
Verehren wir den falschen Gott?
Wider die Verharmlosung der Sache Jesu
Band 1775

Glauben Frauen anders?
Erfahrungen und Anstöße
Herausgegeben von Marianne Dirks
Band 1776

Für eine lebendige Kirche

Georg Denzler
Die Geschichte des Zölibats
Herder/Spektrum Band 4146

Romano Guardini
Vom Geist der Liturgie
Zur aktuellen Situation
Band 1049

Eugen Biser
Glaubenskonflikte
Strukturanalyse der Kirchenkrise
Band 1687

Karl Rahner
Über die Sakramente der Kirche
Meditationen
Band 1740

Otto Betz
Elementare Symbole
Zur tieferen Wahrnehmung des Lebens
Band 1761

Klemens Richter
Feste und Brauchtum im Kirchenjahr
Lebendiger Glaube in Zeichen und Symbolen
Band 1763

Kurt Koch
Grundpfeiler des Glaubens
Vom Sinn der christlichen Feste
Band 1768

Herder Taschenbuch